JN412289

NCS기반을 활용한

서양조리실무

엄영호 · 정주희 · 정성영 · 김예영 · 최미선 · 이은진 · 최 미

NCS기반을 활용한

서양조리실무

2018년 2월 10일 초판 1쇄 인쇄
2018년 2월 15일 초판 1쇄 발행

지은이 | 엄영호 · 정주희 · 정성영 · 김예영 · 최미선 · 이은진 · 최 미
펴낸이 | 김종욱
펴낸곳 | 지식인
등 록 | 제301-2013-134호
주 소 | 서울시 도봉구 도봉로 180길 20 투웨니퍼스트 102동 602호
전 화 | 02)2266-8606 (대)
팩 스 | 02)2266-8607
이메일 | jisikin2013@naver.com
홈페이지 | www.jisikinbook.co.kr

ISBN 979-11-88105-15-1 (93590)

값 22,000원

NCS기반을 활용한

서양조리실무

preface

세계 여러 나라의 음식문화는 그들의 역사, 종교, 국민성과 라이프스타일이 담겨있으며 미각과 예술이 함께 살아있는 커뮤니케이션이라 할 수 있다.
최근 매스컴의 발달에 힘입어 미식욕구가 높아져 있다. 각종 매체에서 다양한 요리를 선보이는 등 요리업계의 전성기라 할 정도로 요리에 대한 관심이 급격히 상승되어 새로운 식문화의 트렌드를 만들어가고 있다. 이는 21세기에 사는 우리에게 음식은 표현의 수단, 즉 그들의 라이프스타일은 물론, 식문화의 다양성을 느끼고 경험할 수 있게 해준다. 이러한 사회적 환경에 힘입어 요리업계로 입문하고자 하는 학생들이 늘어나고 있으며, 각 대학이나 조리에 관련된 학과 개설과 더불어 외식관련 산업체도 늘어나고 있다.

이 책은 서양조리에 들어가기 전 조리사로서 갖추어야 할 덕목과 NCSNational Competancy Standards에서 요구하는 인재를 육성하고자 가장 기초가 되는 서양조리의 역사와 조리법, 향신료, 칼의 종류와 다루는 법, 위생과 안전, 조리용어해설 등의 이론과 최근의 트렌드에 맞는 고급서양조리 실무에 이르기까지 관련된 기본적인 내용들을 알기 쉽게 설명하였다.

또한 국가직무능력표준NCS에 맞추어 외식산업 현장에서 조리인재를 체계적으로 양성할 수 있도록 구성하여 조리직무능력 향상에 도움이 될 수 있도록 하였다. 필자들의 오랜 호텔경험과 교육현장을 바탕으로 하여, 후배들에게 조리의 기본원리를 중심으로 이론과 실기의 실제에 부합되는 서양요리와 외식현장에서 응용할 수 있는 요리 등의 내용들을 전개하였다. 따라서 양식조리에 입문하는 후배들에게 조금이나마 도움이 되기를 바라는 마음이다.
끝으로, 이 책이 나오기까지 여러 모로 많은 도움을 주신 분들께 감사를 드린다.

저자 일동

contents

이론편

실기편(기능사)

실기편(응용)

WESTERN COOKING
PRACTICE
NCS

이론편

CHAPTER 1 서양조리의 이해

CHAPTER 2 여러 가지 조리방법

CHAPTER 3 칼의 종류와 사용방법

CHAPTER 4 기초조리(스톡과 소스)

CHAPTER 5 향신료

CHAPTER 6 NCS 학습모듈

CHAPTER 1 서양조리의 이해

1. 서양조리의 개요

1) 서양조리의 개념

조리는 각 나라의 지역적 특징과 문화적·인종적 특징에 따라 조리방법이나 사용하는 식재료 및 식습관, 식생활 등에 차이가 있다. 특히 동양과 서양의 식습관은 인체적인 구조와 기후, 풍습, 생산되는 식재료의 특성 등에 따라 서로 다른 차이를 보이고 있다.

일반적으로 서양조리는 이탈리아와 프랑스를 중심으로 인접한 각 나라들과 미국지역의 요리를 대부분 포함하여 일컫는다. 그러나 구미지역Area of Europe and America의 모든 요리를 서양요리라고 단정할 수는 없다. 서양조리는 고대 그리스, 이탈리아의 로마, 프랑스 파리를 중심으로 발전된 요리를 의미하며, 이들은 제2차 세계대전 이후 급속한 경제력과 군사력을 가진 미국에 의하여 지배되었던 국가들로 미국요리가 빠르게 전파되었다.

조리는 크게 동양조리와 서양조리로 구분할 수 있으며, 동양조리는 농경문화를 바탕에 두고 발달했기 때문에 주로 곡물류의 음식이 발달하였다. 반면에, 서양조리는 목축문화를 중심으로 발전했기 때문에 상대적으로 육류를 기초로 한 요리가 대부분이며, 조리과정에 있어서 가공단계를 거치지 않으면 빨리 부패하는 식재료의 비중이 높아 여러 공정단계를 거치거나 향신료를 이용하는 조리법이 발전하게 되었다.

2) 서양조리의 역사

조리의 역사는 인간의 탄생과 함께했다고 볼 수 있으며, 불을 발견하고 사용하는 방법을 습득하면서 구체적인 조리법과 기구를 사용하는 방법 등이 발전하였다. 유럽요리에 대해서도 과거의 조리법을 추정할 만한 역사기록이나 자료가 많지 않다. 선사시대의 요리에 관해서는 거의 알려진 바가 없으나, 인간이 불을 발견한 이후로 가축을 기르고 고기를 나누어 가졌으며, 식사에 사용한 식재료는 대부분 나무뿌리나 곡식열매, 과일열매, 생선, 동물에서 나오는 것과 알 등이 포함되어 있다고 전해온다.

유럽요리의 역사를 볼 때 최초의 조리법은 굽는 것이었다고 추측할 수 있는데, 주로 불을 피워 타다가 남은 숯에 고기를 굽거나 뜨거운 불 위에 쇠꼬챙이를 이용하여 식재료를 익히는 방법을 사용했다. 다른 조리법으로는 삶는 방법이 있었으며, 이는 가축의 내장에 두꺼운 조약돌, 물, 음식을 같이 넣고 돌을 경계로 하여 물을 가득 채운 다음, 익히는 동안 온도 유지를 위하여 구덩이에 뜨거운 조약돌을 채워 음식의 온도를 유지해 익혀서 먹은 것으로 생각된다.

고대 이집트요리에 대한 역사 또한 그 시대의 기록이 남아있지 않지만 분묘, 피라미드, 벽화 등에서 그림이나 상형문자로 그려진 제빵조리사들의 조리 작업과정이 발견된 것으로 추측해 볼 수 있다. 고대 페르시아인들은 화려한 연회나 축제를 할 때 마머레이드Marmalade와 포도주 등을 준비하여 황금으로 된 용기에 담아 차렸으며, 그 당시 만들어진 요리 중 몇 가지는 오늘날에도 세계적으로 알려진 요리로 유명하다. 특히 앗시리아의 왕 살도나팔루스Sardonapalus는 세계 최초의 '요리경진대회'를 개최하여 우승자에게는 많은 양의 황금을 주고, 새로운 요리를 개발한 사람에게는 상금을 주는 등의 방법으로 여러 가지 요리를 발전시켜 나갔다.

그리스인들은 고대 페르시아인들로부터 다양한 조리법과 식사법을 계승받았다. BC 15세기 중엽까지 부유한 계층과 서민들의 식사에 거의 차이가 없었지만, 시간이 지나면서 빈부에 따른 식사 형태의 차이가 커졌다고 한다. 그 당시 기본적인 음식은 보리로 만든 요리가 대부분이었으며, 초기 그리스인들은 하루에 네 끼의 식사를 한 것으로 전해진다. 아침은 아크라티스마Acratisma, 저녁은 아리스톤Ariston이나 데이폰Deiphon, 렐리시Relish, 헤스페리스마Hesperisma, 그리고 만찬은 도르페Dorpe라고 불렸다. 또한 고대 그리스에서 가장 유명했던 조리장으로는 팀부른Timbron, 테마시데스Themacides, 아케스트라투스Archestratus 등이 있었고, 그 후 로마인들과 프랑스인들에게까지 전수되었다.

로마인들은 AD 1세기경 아피시우스Apicius에 의해 쓰여진 『*De Re Coquinaria*』라는 책과 그리스 책에서 나온 조리법을 토대로 보다 섬세하고 맛있는 요리를 개발하였다. 이러한 유럽요리는 로마제국의 몰락과 함께 쇠퇴하기 시작했지만, 최초의 조리장이었던 스위스의 성 갈Gall을 중심으로 한 수도원들의 요리를 유지시켜 나갔다.

로마인들은 자신들만의 화려하고 섬세한 조리법과 전통을 가지고 영국으로 건너갔으며, 이때의 영국요리는 노동자들을 위한 간단하고 푸짐한 요리가 주를 이루었다. 그러나 헨리8세의 통치기간 동안 연회와 축제가 많아지면서 다양한 음식과 주류로 사치스러운 식생활 형태로 변화하였으며, 크리스마스 이브부터 약 12일에 걸친 성대한 파티가 열리기도 했다.

이후 조리법에 대해 보다 체계적으로 기술한 『*Cuisinier Francais*』가 1651년 바렌Varenne에 의해출판되었으며, 이 책을 기본으로 조리의 비약적인 발전이 있었다. 루이14세(1638~1715)경 프랑스 문화는 유럽 전체로 파급되었고, 문화와 함께 요리가 전파되면서 유럽의 귀족들은 요리 및 음료의 전 부분을 프랑스 조리장에게 맡길 정도였다. 특히 돔 페리뇽Dom Perigon이 샴페인을 발명하면서 포도주에 대한 영역에서 커다란 변화를 가져오게 되었다. 17세기 중기 요리의 유행은 단순하였으며, 과도하고 화려한 데커레이션보다는 맛에 치중하는 요리가 많았다.

19세기까지 프랑스요리가 세계적인 명성을 유지하였으며, 제1차 세계대전 이전부터 사치스러운 식사방법보다 단순화된 요리를 중심으로 널리 퍼져나갔다. 이러한 단순화된 요리는 조리법이 뒤쳐지거나 음식의 품질이 떨어지는 것이 아니라, 음식을 담아내는 방법과 서비스를 신속히 하여 전체적인 비용을 절감하는 합리적인 방법으로 자리매김하였다.

2. 주방의 개요

1) 주방의 기능별 분류

주방은 여러 부서의 기능적 시설이 복합적으로 구성된 하나의 종합경영시스템이라고 할 수 있다. 주방이란, 조리상품을 만들기 위한 다양한 조리기구와 식재료의 저장시설을 갖추어 놓고 조리사의 기능적·위생적인 작업 수행으로 고객에게 판매 및 제공할 음식을 생산하는 작업공간을 의미한다.

주방은 규모나 각 기능의 역할, 영업의 형태 등에 따라 구분할 수 있다. 호텔주방의 경우 호텔 등급과 업장의 종류나 규모에 따라 조직의 범위 및 직무기능이 각각 다르기 때문에 정확한 기준을 가지고 분류하기에는 어려운 측면이 있지만, 일반적으로 다음과 같이 분류하고 있다.

(1) 더운요리 주방Hot Food Kitchen

주방의 기능 중 가장 핵심적인 공간부분으로 보통 메인 주방Main Kitchen에서 분류하여 작업을 하는데, 각 주방에서 필요로 하는 기본적인 소스와 더운요리를 생산하여 공급하는 주방이다. 많은 양의 소스나 더운요리를 한꺼번에 생산하여 각 주방으로 배분하는 이유는, 각 주방에서 개별적인 생산보다는 시간과 공간, 재료의 낭비를 줄일 수 있고 일정한 맛을 유지할 수 있으므로 일정한 규모를 갖춘 업장이면 대부분 이러한 시스템을 활용한다.

(2) 찬요리 주방Cold Food Kitchen

더운요리 주방에서 만들어지는 요리는 맛과 향 및 음식의 양을 중시하지만, 찬요리는 그릇에 담아내는 모양과 색상이 전제적으로 조화를 이루는 것을 중요시하는 주방이다. 찬요리와 더운요리 주방을 구분하는 가장 근본적인 원인은 요리의 품질을 유지하기 위함이다. 기본적으로 더운요리는 뜨겁게, 찬요리는 차갑게 제공해야 하는데, 더운요리 주방의 경우에 많은 열기구의 사용으로 같은 공간에 찬요리 주방이 있을 때는 적정온도를 유지하는데 어려움이 따른다. 찬요리 주방에서는 주로 찬전채요리Cold Appetizer, 찬소스Cold Sauce, 찬수프Cold Soup, 각종 샐러드, 앤티페스토Antipasto, 테린Terrine, 빠테Pate, 갈라틴Galantine 등을 만들어 각 업장별로 공급하는 주방이다.

(3) 육가공 주방Butcher Kitchen

육가공 주방은 각 업장별 주방에서 필요로 하는 육류 및 생선, 그리고 가금류 등을 크기별로 준비하여 주문한 방법에 따라 부위별 모양과 크기, 형태별 크기, 양을 조절하여 제공하는 주방이다. 또는 여러 종류의 어패류나 육류를 이용하여 햄Ham, 소시지Sausage와 같은 가공식품을 만들어 업장별 주방에 제공하기도 한다.

(4) 제과·제빵 주방Bakery & Pastry Kitchen

제과·제빵 주방은 독립된 시설과 규모 및 기능을 가지고 있으면서 각 업장별로 필요로 하는 각종 빵과 케이크, 쿠키, 초콜릿, 파이, 뿌티-뿌아 등과 디저트를 준비하여 제공하기도 하고, 일반고객을 위해 판매하기도 하는 주방이다. 그러나 경우에 따라서는 제과·제빵 주방이 메인 주방에 소속되어 있기도 한다.

(5) 연회 주방Banquet Kitchen

연회 주방은 방켓의 연회행사를 중점적으로 담당하는 주방이다. 따라서 많은 고객을 짧은 시간 내에 소화해야 하는 주방의 특성을 가지고 있기 때문에, 조리방법이나 서비스의 과정상 여러 가지 제약을 받는 경우가 있다. 이러한 제약을 극복하기 위해서 보온기Warmer나 증기찜기Steamer, 로스팅 오븐Roasting Oven 등 기계류를 다량으로 보유하고 있어야 한다. 또한 서비스를 하기 위한 공간을 충분히 확보하지 않으면 연회 주방으로서의 기능을 잃어버릴 수 있다.

(6) 얼음조각 주방Ice Art Room Kitchen

주방의 규모가 큰 경우에는 얼음조각실이 따로 분리되어 운영하고 있지만, 대부분의 호텔이나 일반 주방에서는 지원 주방, 즉 메인 주방에서 함께 이루어지고 있다. 얼음조각실은 연회행사나 기타 필요한 내용에 따라 얼음조각을 한다든지 또는 스티로폼 조각을 하여 제공하는 장소이다. 특히 얼음조각의 근본적인 의미는 음식을 위한 보조적인 역할이다.

(7) 커피숍 주방Coffee Shop Kitchen

커피숍 주방은 대개 커피나 차 또는 주스 등을 음식과 함께 제공하는 주방으로 그 기능을 다하고 있지만, 경우에 따라서 아침식사 및 간단한 스낵류 등의 음식도 함께 판매할 수 있도록 준비해 주는 주방이다.

(8) 룸서비스 주방Room Service Kitchen

룸서비스는 객실에 투숙한 고객들에게 제공하는 일련의 식음료서비스를 말한다. 룸서비스 주방은 객실 고객들이 주문한 식음료를 시간과 내용에 따라 준비하여 제공하는 주방이다.

3. 위생 및 안전관리

1) 위생관리의 개요

음식에 의해서 전염되는 질병은 매우 다양하게 발생하고 있으며, 매년 수많은 사람들이 음식을 먹고 구토, 복통 등의 증상을 보이거나 식중독을 경험하고 심지어는 목숨까지 잃는 경우가 발생하고 있다. 따라서 조리사는 고객에게 안전하고 위생적인 요리를 제공하는 것이 가장 중요한 책임이며 의무라고 할 수 있다. 하지만 음식과 건강에 대한 관심이 높아졌음에도 불구하고 위생의 중요성을 간과하는 경우가 많으며, 구체적인 위생 규칙조차 지켜지지 않는 것이 지금의 실정이다.

위생관리는 음식이 조리되기 전의 식재료 구매부터 보관, 저장, 가공과정까지의 모든 과정에서 적용되며, 조리사의 위생상태, 조리기기 및 기물까지 모두 포함하여 식품취급상 인체에 위해(危害)한 요인을 방지할 수 있도록 철저하게 관리해야 한다.

이와 같이 요리는 조리가 시작되면서부터 완성될 때까지 수많은 단계를 거치지만, 고객은 요리 그 자체만을 볼 수 있기 때문에 만들어지는 과정의 위생은 조리사의 양심과 가치관에 달려있다고 할 수 있다. 따라서 위생에 대한 교육은 필수적으로 이루어져야 하며, 위생수칙 준수를 생활화해야 한다. 위생과 청결이라는 기본인식을 가지고 고객이 안심하고 즐길 수 있는 환경을 제공해야 함을 잊어서는 안 된다.

(1) 위생관리의 필요성

식품을 취급하는 일에 직접적으로 관계되는 종사자들은 위생관념을 철저하게 지켜야 한다는 커다란 의미를 가지고 있어야 한다. 특히 호텔주방에서 종사하는 조리사들은 고객의 정신적 · 신체적인 안전을 위해서는 위생이 모든 것에 우신한다고 해도 지나친 표현이 아니다.

위생관리의 범위는 호텔업무뿐만 아니라, 조리업무 전반에 관한 위생관리이다. 즉 음식이 만들어지는 과정에서 얼마나 위생적으로 음식상품을 고객에게 제공했느냐 하는 것은 위생관리를 어떻게 했느냐에서 직접적으로 결과를 예측할 수 있다.

훌륭한 위생관리의 결과를 얻기 위해서는 주방에서 이루어지는 모든 과정이 중요하다. 우선 주방에 종사하는 조리사 개개인은 신체적 · 정신적으로 매우 건강해야 하고, 매사 투철한 위생관념과 동시에 위생준칙을 준수하는 자세가 습관화되어야 한다. 또한 주방에 시설되어 있는 장비와 기구 및 기물에 대한 운영 환경의 정도는 안전하게 배치되어 있어야 하며, 위생적으로 관리되어야 한다.

반면에, 주방종사자와 시설물들은 위생적으로 관리된다 해도 반입되는 식품을 검수, 조리하는 과정에서 비위생적으로 취급한다면 아무런 소용이 없을 것이다. 따라서 위생관리의 범위는 조리사들에 대한 개인위생과 주방시설 환경위생, 식품위생이라 할 수 있는데, 이러한 위생관리의 내용들 중 어느 한 부분이라도 소홀히 여겨서는 안 된다.

⑵ 위생관리의 내용

위생관리의 모든 요소들이 갖추어졌을 때 위생적으로 완벽하게 음식 상품을 고객에게 제공할 수 있다. 이러한 모든 요소들을 완벽하게 갖추기 위해서는 다음과 같은 구체적인 위생관리의 내용을 준수해야 한다.

① 조리종사원들의 채용과정에서 건강 유 · 무를 철저히 확인하여 그 직업에 적성이 맞도록 적절하게 배치해야 한다.
② 주방에 설치되어 있는 장비와 기물 · 기기 등의 취급방법과 보존방법 및 손질방법을 습득하도록 하는데 철저한 교육이 필요하다.
③ 식재료를 취급할 때는 어느 작업이든지 위생과 안전에 대한 요구사항을 규정하고 설명한다.
④ 모든 위생에 관련한 사항은 우선순위를 두지 말고 똑같이 중요하게 지키도록 한다.

⑶ 위생관리의 목적

주방에서 지켜야 할 위생관리의 목적은 주방에서 다양한 식용 가능한 식품을 취급하여 음식상품을 고객에게 직접 제공하는 과정에서 일어날 수 있는 식품위생상의 위해(危害)를 방지하고, 고객이 안전과 쾌적한 식생활공간을 보장하는 데에 있다. 그러므로 조리종사자들은 주방에서 사용하고 있는 모든 장비와 기물 및 기기 등의 안전과 취급상의 준수사항을 철저히 지켜야 하며, 식용 가능한 식품을 반입 · 검수 · 저장 · 출고 · 조리를 위한 사전지식을 가지고 안전한 상품을 만들 수 있도록 해야 한다. 그러기 위해서 종사자들은 정기적인 건강진단과 위생교육을 통해 안전하고 맛있는 음식을 공급하기 위해 노력하는 자세가 절대적으로 필요하다.

미국의 국민위생협회는 위생의 중요성을 다음과 같이 정의하고 있다. "위생은 삶의 한 수단이다. 위생은 생활수단의 질을 나타내며 청결한 가정, 청결한 농장, 청결한 이웃, 청결한 지역사회와 관계가 있다."라고 하였다. 위생(衛生)은 삶의 한 수단이기 때문에, 주방에서 행해지는 다양한 조리과정은 결국 고객에 대한 위생상의 위해(危害)를 방지하여 안전성을 보장해야 하는 궁극적인 목적이 있는데, 그 내용을 구체적으로 살펴보면 다음과 같다.

1 종사원 측면에서

① 자신을 질병으로부터 보호하여 정신적 · 신체적으로 건강유지

② 쾌적한 주방공간을 확보하여 작업능률 향상

③ 조리종사원들의 작업재해를 미연에 방지

2 식재료 취급 측면에서

① 음식 취급과정에서 일어날 수 있는 각종 전염성을 방지(위생관념)

② 음식상품의 질적 가치를 향상(조리방법)

③ 식재료의 보존상태 기간을 연장(저장창고관리)

④ 항상 신선한 식재료를 사용(시장구매전략)

⑤ 원가절감의 원칙에 적용(원가절약)

3 시설관리 측면에서

① 종사원들의 안전사고 방지(안전관리)

② 장비 및 기물과 기기의 경제적 수명Economic Life Cycle 연장(시설관리)

③ 단위면적 당 작업능률 향상(수익성 향상)

④ 음식상품의 질적 가치유지(신상품 개발)

⑤ 시설교체의 시기점을 연장(대체기물 선정)

2) 식품위생관리

식품을 취급하는 것은 곧 식품으로 인해 인간에게 치명적인 위해(危害)를 줄 수 있는 식중독전염으로부터의 사전예방을 위해서다. 이는 무엇보다도 위생적인 관리와 취급방법이 매우 중요하다. 식

용 가능한 식재료는 식재료의 산지에서 생산되어 소비자에세 이르기까지 복잡한 유통과정을 거치게 되면서 많은 시간을 소비하게 된다. 이러한 절차에서 발생할 수 있는 식품에 대한 위해를 방지하는 것이 바로 식품위생관리의 원칙이다.

식품위생관리란 "식품 및 첨가물, 기구, 포장을 대상으로 하는 음식에 관한 위생으로서 비위생적인 요소를 제거하여 음식으로 인한 위해(危害)를 방지하고 우리의 건강을 유지·향상시키기 위해서"이다. 주방에서 종사하는 조리사들은 식품을 모든 위해 요인으로부터 안전하게 보존하고 정성껏 조리하여 위생적이고 안전하게 우리를 믿고 찾는 고객에게 공급해야 할 의무와 책임이 있다는 것을 잊어서는 안될 것이다.

(1) 식품위생관리의 필요성

식품의 부패, 변패, 유해미생물, 유해화학물질 등을 함유하고 있는 유해식품으로 인한 위생상 위해 내용을 배제하여 식품가공을 통한 조리음식을 제공함으로써 식품영양의 질적 향상과 국민의 건강한 식생활 공간을 제공하는 것이 식품위생관리의 절대적인 필요성이다.

세계보건기구에서는 식품에 대한 위생관리Sanitation를 다음과 같이 규정하고 있다. "식재료의 재배, 수확, 생산 및 이를 원료로 한 식품의 제조에서부터 그 음식물이 최종적으로 소비될 때까지 모든 과정에 있어서 건전성, 안전성, 완전성 확보를 위해 조치"라고 규정하고 있다. 식품위생관리를 위한 필요성은 식품 및 첨가물의 변질, 오염, 유해물질의 유입 등을 방지하고 음식물과 관련 있는 첨가물, 기구, 용기, 포장 등에 의해서 불필요한 이물질이 함유된 비위생적인 요소를 제거함으로써 이와 같은 원인을 미연에 방지하고 안전성을 확보하는 것이다.

3) 안전관리 및 화재예방

주방에서 발생할 수 있는 모든 사고와 상해 및 화재 등은 안전관리를 해야 하는 대상에서 가장 위험하고 무서운 사고의 하나이다. 화재의 원인과 사고발생 방법은 매우 다양하고 예기치 않은 곳에서 발생할 수 있는 잠재력을 가지고 있기도 하다.

주방 일은 다른 많은 작업과 비교할 때 비교적 안전한 작업장소로 볼 수 있지만, 부주의한 사항에서는 큰 재앙의 원인이 될 수도 있다. 주방은 조리사들의 화상과 안전사고 등이 흔하며, 더욱 심한 부상도 일어날 수 있다. 여러 가지 고온의 설비와 강력한 동력의 기계 등을 모든 사람들로 하여금 주의 깊게 그리고 안전수칙을 잘 지키도록 해야 한다. 주방시설 및 장비가 일상적으로 관리가 소홀하다든지 또는 조리사들의 주방시설에 대한 사용상의 부주의 및 안전지식이 결여된 상태에서는 매우 조심해야 한다. 또한 전기 기기나 장비 및 가스 등의 사용에 있어서도 소홀하게 다루기 때문이다.

(1) 안전수칙

주방에서 발생할 수 있는 요인 중에는 조리사들의 조리 작업과정에서 일어나는 안전사고와 재해가 있다. 안전사항은 모든 종사자들이 철저하게 규칙을 암기해야 하는 것이 가장 이상적이다. 안전은 마음자세이며 프로정신의 문제이다. 진정한 프로들은 안전이 그들의 기능에 대한 마음자세의 일부이기 때문에 조심스럽게 작업한다. 그들의 일을 자랑스럽게 생각하며 가능한 한 잘하려고 한다.

여러 사고는 주방에서의 부주의, 태만 그리고 장난 등에서 발생한다. 주방종사자들의 안전한 공간에서 정신적 · 신체적인 안정을 가지고 작업을 하기 위해서는 다음과 같은 기본적인 안전수칙을 지켜야 한다.

① 구조, 설비, 전기배선
② 작업대와 통로의 충분한 조명밝기
③ 미끄럽지 않는 주방바닥
④ 분명하게 배치된 비상구
⑤ 필요한 안전장치를 갖춘 시설
⑥ 조리기구에 부착된 열가동 및 소화장치
⑦ 소화기, 소화기 사용수칙 배치, 응급용구 등 눈에 잘 띄는 곳에 놓아진 비상기구
⑧ 눈에 잘 띄는 곳에 붙여둔 비상전화번호
⑨ 작업자 간의 충돌Collision을 방지하기 위한 시설과 원활한 통로

(2) 조리작업자의 안전수칙

① 주방에서는 안전한 자세로 조리작업에 임해야 하며, 특히 주방에서는 바닥의 상태를 고려하여 뛰어다니지 않아야 한다.
② 조리작업에 편리한 유니폼과 안전화를 착용해야 하며, 뜨거운 용기를 이동할 때에는 마른 면이나 장갑을 사용해야 한다.
③ 무거운 통이나 짐을 들 때는 허리를 구부리는 것보다 쪼그리고 앉아서 들고 일어나도록 해야 한다.
④ 짐을 들고 이동할 때는 뒤에 뜨거운 종류의 물건이 있는지 항상 살펴보고 이동해야 한다.

(3) 장비 및 기물의 안전수칙

일반적으로 주방 바닥에 물이 고여 있거나 조리작업자의 손에 물기가 있을 때에는 전기장비를 만지는 일을 가능한 삼가야 하며, 각종 장비나 기기 및 기물의 작동방법과 안전수칙을 안전하게 숙지

한 다음 사용해야 한다.

또한 가스밸브의 이상 유·무 확인과 전기장비나 기물을 세척할 때의 플러그 유·무를 확인하고 나서야 청소가 진행되는 절차를 가져야 한다. 냉동·냉장실의 잠금장치 상태와 각종 장비의 온도도 확인을 해야 한다.

1 칼 및 기기의 사용 시 주의사항

- 칼을 날카롭게 한다. 날카로운 칼은 무딘 것보다 더 안전하다. 그 이유는 압력을 덜 가하기 때문이다.
- 도마를 이용할 때에는 철 표면에 자르지 말아야 한다. 미끄럼 방지용으로 도마 아래에 젖은 수건을 둔다.
- 칼을 사용하고 절단기를 사용할 때 자신의 작업에 집중한다.
- 자신과 타 작업자와는 항상 일정한 거리를 두고 떨어져서 작업한다.
- 병뚜껑을 여는 등에 칼을 쓰지 말고, 단지 자르는 일에만 쓴다.
- 떨어지는 칼을 잡지 않고 뒤로 물러나 떨어지도록 둔다.
- 싱크대나 물 속 그리고 안 보이는 장소에 칼을 두지 않는다.
- 칼을 주의하여 닦으며, 날은 반대쪽으로 둔다.
- 칼을 사용하지 않을 때, 칼집 안과 같이 안전장소에 보관한다.
- 칼을 바르게 가지고 다닌다. 자신 옆으로 잡아 끝이 아래로 향하게 하고, 날을 위로하여 자신과 반대로 둔다. 칼은 칼집에 넣어 날라야 하며, 칼을 든 채 사람들을 지나갈 때 그들에게 먼저 알려야 한다.
- 접시, 유리제품 등의 깨지기 쉬운 품목은 일정한 장소 이외에 보관한다.
- 포트, 싱크대에 깨지기 쉬운 유리그릇을 넣지 않는다.
- 이가 빠지고 금이 간 접시와 유리컵은 버린다.
- 깨진 유리는 줍지 말고 쓸어 담는다.
- 깨진 접시, 유리컵용 등의 다른 쓰레기와 섞이지 않도록 특별 쓰레기통을 사용한다.
- 싱크대에 깨진 유리조각이 있으면 그것을 건지기 전에 배수부터 한다.

2 화상방지 안전수치

- 그릇의 손잡이는 뜨겁다고 항상 염두에 둔다.
- 뜨거운 팬을 잡을 때에는 마른수건이나 타월 등을 이용한다.
- 팬 손잡이를 통로 반대쪽으로 놓아 사람들에게 닿지 않도록 한다. 역시 손잡이를 가스 버너의

불꽃에서 멀리 둔다.

- 팬에 내용물을 너무 많이 두지 않는다. 이는 더운 음식물을 엎지르지 않게 할 수 있다.
- 뜨거운 음식용기를 옮길 때 도움을 청한다.
- 본인과 반대쪽으로 뚜껑을 열고 더운 증기가 안전하게 나가도록 한다.
- 스티머를 열 때 조심한다.
- 오븐이나 점화용 불씨는 점화하기 전에 가스가 잘 분사되는지 확인한다. 가스를 틀기 전에 먼저 성냥을 긋고, 될 수 있으면 자신과 먼 방향으로 성냥에 점화한다.
- 엎질러지고 튀는 뜨거운 음식과 기름으로부터 보호하기 위해 긴소매 옷이나 더운 재킷을 입는다.
- 끓는 기름에 음식을 넣기 전에 주의해서 살펴본다. 그렇지 않으며 기름이 본인에게 튈 수 있다.
- 뜨거운 기름에 음식을 넣을 때, 자신의 몸에서 멀리 떨어져 떨구어 기름이 자신에게 튀지 않게 한다.
- 튀김기Deep-fryer에서 멀리 액체를 보관한다. 만약 물이 튀김기에 엎질러지면, 갑자기 생긴 수증기가 더운 기름 근처에 있는 사람에게 뿌려질 수 있다.
- 뜨거운 팬으로 사람들 뒤에서 걷거나 뜨거운 물건을 가지고 걷는 사람 뒤에서 작업을 할 때에는 다른 사람에게 주의를 요청한다.
- 뜨거운 그릇에 대해 서비스맨에게 주의를 준다.

(4) 화재방지

① 소화기가 어디에 있는지 어떻게 그것을 사용하는지를 숙지한다.

② (화재의 종류에 맞는) 올바른 종류의 소화기를 사용한다. 화재에는 다음의 세 종류가 있다.

- A형 화재 : 목재, 종이, 헝겊, 보통의 가연성물질
- B형 화재 : 그리스Grease, 기름, 가솔린, 솔벤트 등의 가연용액
- C형 화재 : 스위치, 모터, 전기설비 등 그리스Grease 화재나 전기화재에 물이나 A급 소화기를 사용하지 않는다. 이는 불을 더 번지게 하는 작용을 한다.

③ 렌지 위의 화재를 끄기 위해서 소금이나 베이킹소다를 가까운 손닿는 곳에 보관한다.

④ 렌지에 뜨거운 기름을 내버려두지 말아야 한다.

⑤ 지정장소에서만 흡연을 한다.

⑥ 화재경보가 울린 후 자신이 여유가 있으면, 업장을 떠나기 전에 모든 가스와 전기기구를 끈다.

⑦ 방화문을 달아둔다.

⑧ 비상구의 장애물을 제거한다.

4. 메뉴의 개요

1) 메뉴의 개념

메뉴Menu는 오늘날 전 세계적으로 통용되는 용어이다. 원래 라틴어의 'Minutes'에서 파생되어 영어의 'Minute'에 해당되는 말로 "상세하게 기록하여 놓은 것", 다른 말로 "작은 목록"이라는 뜻이다. 메뉴는 일반적으로 '차림표' 또는 '식단표'의 뜻으로 쓰이는데, 불어의 'Carte' 영어의 'Bill of Fare', 스페인어의 'Minuta' 혹은 'Carte', 일어의 '處立表', 중국어의 '菜單단子' 등으로 사용하고 있다.

주방에서 요리재료를 조리하는 방법을 설명한 것이라고 하며, 최초로 식탁에서 메뉴가 사용하기 시작한 것은 1498년 프랑스 어느 귀족의 착안이라 전해지고 있다. 그 후 1541년 프랑스의 앙리8세 당시 '부랑위그'라고 하는 공작이 주최한 연회석상에서 요리에 관한 내용, 순서 등을 메모하여 자기 식탁 위에 놓고 차례로 나오는 요리를 즐기고 있었는데, 이것이 초대한 손님들의 눈에 들어 퍼지기 시작한 것이 메뉴의 유래가 되었다고 한다.

메뉴에 대한 기록은 1718년대로 거슬러 올라간다. 그렇지만 비공식적으로 고객들에 의해서 메뉴가 사용된 것은 이보다 더 훨씬 오래 전에 공식의례나 종교적인 의례행사에서 식장의 벽이나 눈에 잘 띄는 곳에 요리의 이름을 적어붙였다 한다. 물론 조리장의 조언을 얻어 그날 제공될 요리의 순서나 고객이 요구한 음식에 목록을 적은 것이다. 이때 100가지 정도의 수프Soup와 300가지의 주요리Entree, 200가지 정도의 구운 육류요리Roast Meat Course, 300가지 정도의 와인Wine 등 수많은 내용의 메뉴를 포함하고 있었다.

그렇지만 현대와 같은 메뉴는 19세기 초까지 프랑스의 어느 레스토랑이나 귀족계층의 파티에서도 나타나지 않았다. 다만, 고객들은 레스토랑의 문 앞에 설치한 아주 작은 크기의 메뉴를 제공받았을 뿐이다. 그러다가 점차 발전하여 현대에 와서는 한두 장의 메뉴판에 100여 가지 정도의 요리와 와인 등 각종 요리와 음료를 필요에 따라 약간씩 바꾸면서 제공하고 있다.

2) 메뉴의 분류

(1) 내용에 의한 메뉴의 분류

1 정식요리 메뉴 Table d'hote Menu

정식요리 메뉴란 'Table of Host'의 의미로, 여관이나 여인숙에 숙박하는 모든 고객에게 일괄적으로 같은 음식을 정해진 가격에 제공한 식사를 뜻한다. 과거에는 대부분 저가 레스토랑에서 많이 이용하였으나, 최근에는 런치와 디너메뉴 또는 웨딩과 연회메뉴 등에 주로 이용되고 있다. 정식요리 메뉴의 장점은 신속한 서비스가 가능하며 좌석의 회선율을 높일 수 있고, 식재료 및 메뉴의 관리가 수월하여 원가절감의 효과가 있다. 단점으로는 가격변화에 빠르게 대처할 수 있는 유연성이 부족하며, 고객 입장에서는 메뉴선택의 간편성은 있으나 선택의 범위가 비교적 좁은 편이라 할 수 있다. 이 메뉴의 일반적인 구성은 다음과 같다.

- 전채Hot, Cold Appetizer : Hors D'oeuver Chaud, Froid
- 수프Soup : Porage
- 생선요리Fish : Poisson
- 샐러드Salad : Salade
- 주요리Main Dish : Plat Princlpale
- 후식Dessert : Entrémet
- 커피 또는 차Coffee or Tea : Café ou Thé

이러한 요리순서는 연회의 성격과 주최 측의 형편에 따라 코스가 축소되거나 추가될 수도 있다. 과거 프랑스 궁중에서 사용하던 메뉴에는 50가지의 코스도 있었으나, 현재 프랑스의 일반식당에서 사용하는 메뉴는 기본적으로 Entrees, Plats Principaux, 후식Dessert 등 3단계로 구분하여 제공하고 있다. 여기서 Entree라 함은 주요리의 개념이 아닌 식사의 첫 요리를 의미한다.

2 일품요리 메뉴A'la Carte Menu

일품요리 메뉴는 주문식 메뉴를 의미하며 주로 전채, 수프, 생선·해산물, 주요리, 샐러드, 샌드위치, 후식 등으로 구성되어 고객이 원하는 메뉴만을 개별적으로 선택하여 주문할 수 있다. 일품요리 메뉴의 장점은 객단가를 높일 수 있으며, 고객의 메뉴선택 범위가 넓다는 점이며, 단점은 식재료 및 메뉴관리가 어렵고 일반적으로 메뉴의 가격이 비싸며 정식요리로 제공되는 레스토랑보다 주문이 어렵게 느껴질 수 있다는 점이다.

3 혼합 메뉴Combination Menu

정식요리 메뉴와 일품요리 메뉴의 장점만을 혼합한 메뉴 구성방식으로, 최근에 많이 선호하는 메뉴이다. 혼합 메뉴의 장점은 가격과 포션의 조정으로 식자재 원가상승에 신속하게 대처할 수 있으며, 식재료 및 메뉴의 관리가 일품요리 메뉴보다 수월하다. 또한 일품요리 메뉴와 정식요리 메뉴의 혼합으로 객단가를 높일 수 있으며, 고급 레스토랑뿐만 아니라 저가 레스토랑에서도 적합한 메뉴이다.

(2) 제공시간에 따른 메뉴의 분류

1 아침 메뉴 Breakfast Menu

보통 06:00~10:30에 제공되는 메뉴로, 유래된 지역에 따라 미국식, 유럽식, 영국식, 비엔나식으로 구분된다. 일반적으로 우리나라의 호텔 레스토랑에서는 샐러드, 달걀요리에 햄, 베이컨, 소시지와 해시브라운 감자를 곁들이며, 페이스트리와 빵에 마멀레이드, 버터, 꿀 등이 곁들여지고, 와플과 팬케이크, 프렌치토스트와 팬케이크 시럽, 시리얼, 치즈, 과일, 우유, 커피, 홍차가 제공된다.

- 미국식 조식American Breakfast : 미국식 조식은 각종 음식이 다양하게 제공되는 것이 특징이며, 달걀요리와 주스, 토스트, 햄, 베이컨, 소시지, 프라이드 포테이토, 콘플레이크, 우유 등을 선택해서 먹는 식사를 말한다.
- 유럽식 조식Continental Breakfast : 유럽식 조식은 미국식 조식에 비해 간단하게 제공되는 것이 특징이며, 달걀요리와 곡류가 포함되지 않고 빵과 커피, 우유 정도로 간단히 하는 식사를 말한다. 대부분의 유럽 호텔에서 선호하고 있는 식사로 객실요금에 아침식사 요금이 포함되어 있으며 주스, 빵, 음료, 커피 등이 제공되고 있다.
- 영국식 조식English Breakfast : 영국식 조식은 미국식 조식과 종류는 같으나, 지역에 따라 훈제요리나 생선요리가 추가되는 것이 특징이라고 할 수 있다.
- 비엔나식 조식Vienna Breakfast : 비엔나식 조식은 간단한 달걀요리와 롤빵, 커피 또는 우유가 제공되는 식사를 의미한다.

2 브런치 메뉴 Brunch Menu

아침과 점심의 중간에 제공되는 식사 형태로, 늦게 일어나 아침식사 시간을 놓치거나 아침을 먹지 않는 사람들을 위해 제공되는 메뉴를 말한다. 일반적으로 10:00~14:30에 제공되며, 조식에 제공되는 달걀요리와 점심에 제공되는 메뉴의 일부가 제공된다.

3 점심 메뉴 Lunch or Luncheon Menu

정오에 하는 식사이며, 저녁보다 가볍게 먹는 3~4코스(수프, 앙트레, 디저트, 커피 등)로 구성되어 있다. 바쁜 직장인을 위해 쉐프샐러드, 샌드위치 등 간편한 것이 포함되기도 한다.

4 저녁 메뉴 Dinner Menu

저녁 메뉴는 매우 다양하며 비교적 가격이 비싸게 구성되어 있고, 레스토랑의 콘셉트에 따라 주류가 제공되어 매출증대에 중요한 영향을 미지고 있다. 주로 일품요리 메뉴와 정식요리 메뉴의 혼합으로 4~5코스 또는 5~6코스로 제공되며, 하루의 식사 중 가장 다채롭고 화려한 식사로 음료와 주류도 함께 마시는 경우가 많다.

5 서퍼 메뉴Supper Menu

과거 서퍼의 의미는 공식적인 만찬식을 뜻하였으나, 최근에는 늦은 저녁에 먹는 밤참의 의미로 제공되고 있다. 또한 늦게 끝나는 음악회나 연주회 같은 행사가 끝난 후 제공되는 간단한 식사로 그 의미가 변하고 있으며, 일반적으로 수프나 샌드위치, 음료, 소시지 등 소화에 부담되지 않는 메뉴를 제공하는 것이 특징이다.

(3) 제공기간에 따른 메뉴의 분류

1 고정 메뉴Static Menu

한 번 작성되면 일정기간 제공되는 메뉴로 상시 메뉴라고도 하며, 일품요리 메뉴, 정식요리 메뉴, 혼합 메뉴를 모두 포함하고 있다. 고정 메뉴는 일정기간 계속해서 사용하기 때문에 메뉴판의 표지와 종이의 질, 외형의 내구성 등을 고려하여 제작해야 한다. 또한 고정 메뉴는 고객의 수시 주문에 대비하여 메뉴별 구매량을 예측하여 식재료의 전처리, 중간 가공과 원자재의 준비 등이 계획되어야 한다.

이와 같은 고정 메뉴의 장점은 일정기간 같은 메뉴만을 반복하여 조리하기 때문에 조리원의 능률이 향상되며, 생산성이 높아지고 대량구매로 인한 원가절감으로 저렴한 가격에 식재료를 구매할 수 있다. 그러나 고정 메뉴는 같은 메뉴만을 제공하여 새로운 메뉴를 통한 고객의 취향에 신속하게 반응하지 못하므로 유연성이 떨어져 경쟁 레스토랑에 고객을 놓칠 가능성이 크다는 단점이 있다.

따라서 고객들에게 다양성을 주기 위해 오늘의 특별 메뉴, 주방장 특선요리 등을 제공하는 방법을 사용하고 있으며, 단일품목을 가지고 있는 레스토랑의 경우 계절에 따라 기존 메뉴를 보완할 수 있는 특별 메뉴를 첨가함으로써 고객의 선택 범위를 넓혀줄 수 있다.

2 순환 메뉴Cycle Menu

순환 메뉴는 사전에 여러 종류의 메뉴를 작성하여 사용 시기를 일주일, 한 달 등 일정한 기간에 다시 제공하는 메뉴를 말한다. 초·중·고등학교와 대학교, 병원, 군대, 감옥, 직원식당과 같이 특정 고객을 상대로 하는 단체급식소에서 많이 이용되는 방법이다. 특히 뷔페 메뉴는 기본구성 메뉴를 순환 메뉴로 작성하고 마켓 메뉴를 혼합하여 운영하는 형태가 일반적이다. 또한 순환 메뉴는 같은 재료라도 색상, 텍스추어, 맛, 형태를 다양하게 제공해야 고객의 만족을 높일 수 있으며, 식품의 종류, 조리방법, 식이와 영양욕구를 충족시켜야 한다.

3 주기적 메뉴Cyclical Menu

특정기간이나 계절을 단위로 고객에게 제공되는 메뉴를 주기적 메뉴라고 하며, 이를 이용하여 메뉴의 다양성을 추구할 수 있다. 순환 메뉴는 급식기관에서 주로 이용하는 방법으로 일주일, 한 달 등의 주기를 두고 일정한 메뉴를 제공하여 급식의 단조로움을 피하게 하는 것이 주기적 메뉴와의 차이점이다. 반면, 주기적 메뉴는 추석, 크리스마스와 같은 명절, 특정 계절에 반복적으로 제공되는 메뉴를 이용하여 메뉴의 다양성을 제공하는 방식이다. 명절음식과 계절음식 등을 포함하며, 여름철 특별 메뉴로 냉면이나 삼계탕을 제공하고, 크리스마스 특선요리나 어린이날 특별 메뉴 등을 제공하는 방식이다.

4 시장 메뉴Market Menu

시장 메뉴는 매일 또는 주별로 계절성 있는 재료를 이용하여 제공하는 메뉴를 뜻한다. 고객들은 새로운 메뉴 구성, 짧은 주기에 의한 메뉴 교체를 원하는 경우가 많으며, 호텔에서는 오늘의 특선요리, 금주의 요리, 주방장 추천요리와 같은 메뉴를 제공하기도 한다. 예를 들어, 과일, 채소, 고기의 특정부위, 가금류 등을 계절성과 수확시기를 최대로 활용하여 시장 메뉴를 선보임으로써 고객에게는 만족감을 증가시키고 해당업소에는 원가절감으로 수익을 증대시키는 방법을 사용하고 있다. 최근에는 가공식품의 발달과 급속냉동법 등의 발달로 계절과 상관없이 1년 내내 모든 식재료로 요리하는 것이 가능해졌지만, 여전히 그 계절에만 생산되는 재료의 특성을 활용한 요리는 고객에게 큰 호응을 얻고 있다.

5 구두추천 메뉴Verbal Menu

구두추천 메뉴는 메뉴판에 표기되지는 않지만 메뉴 계획을 토대로 계절적으로 특징 있는 메뉴, 품질 좋은 식재료가 대량으로 반입될 때 작성된 메뉴 등을 전략적으로 판매하기 위하여 고객에게 특정한 메뉴를 우선적으로 추천하는 것을 의미한다. 이는 판매를 증대시키기 위한 마케팅의 한 방법으로, 프린트 메뉴에 포함되지 않은 메뉴를 서비스하는 직원이 고객에게 잘 설명할 수 있도록 업-셀링Up-selling에 대한 체계적인 교육이 필요하다.

CHAPTER 2

여러 가지 조리방법

1. 습열방법과 건열방법

1) 습열방법Moist Heat

(1) 보일Boil

보일은 팔팔 끓는 물에 조리하는 것이다. 물은 212℉(100℃)에서 끓는다. 아무리 버너를 고온으로 켜도 물의 온도는 더 이상 오르지 않는다. 브로일링Broiling은 어떤 야채와 녹말에는 금지된다. 고온이 육류, 어류, 달걀의 단백질을 파괴시키며, 빠른 버블링Bubbling도 섬세한 요리를 상하게 할 수 있다.

(2) 심머Simmer

심머는 약하게 끓는 물에 조리하는 것이다. 온도는 185~205℉(85~96℃)이다. 건열방법으로 요리하는 것 중 대부분이 심머링Simmering이다. 더 높은 온도에서의 조리는 음식을 상하게 할 수 있다. 'Broiled'란 말은 때때로 메뉴 용어로도 쓰인다. 즉 신선한 소고기Fresh Beef를 심머할 때, 'Broiled Beef'라 한다.

(3) 포치Poach

포치는 뜨겁기는 하지만 끓지 않는 물에 조리하는 것이다. 온도는 160~180℉(71~82℃)이다. 포칭Poaching은 어류·달걀 등의 연한 음식을 조리하는데 이용되며, 육류의 역한 냄새를 없애준다. 마지막 조리 전에 음식을 굳히는 데에 이용된다.

(4) 브랜치Blanch

브랜치는 재료를 부분적으로 짧게 물로 조리하는 것이다. 물로 브랜칭Blanching하는 것에는 두 가지 방법이 있다.

① 재료를 찬물에 넣고 끓여 짧게 심머Simmer한다. 그 다음 재료를 찬물에 넣고 식힌다.

- 목적 : 피, 소금기를 제거하거나 육류와 뼈의 불순물을 제거한다.

② 재료를 빠르게 끓는 물에 넣고, 물을 더 끓인다. 재료를 꺼내 찬물에 식힌다.

- 목적 : 음식 색을 보존하고 야채 속의 해로운 효소를 파괴시킨다. 토마토, 복숭아, 기타 과일의 껍질을 쉽게 벗기기 위해 느슨하게 만든다.

(5) 스팀Steam

스팀한다는 것은 음식을 직접 스팀에 쪄어 조리함을 의미한다.

(6) 브레이즈Braise

브레이즈는 예비적으로 브로잉Browing한 후 소량의 물에 조리하는 것이다. 거의 모든 경우에 물Liquid은 소스로 이용된다.

2) 건열방법Dry Heat

(1) 로스트와 베이크Roast & Bake

로스트와 베이크는 오븐에서 뜨겁고 건조한 공기로 음식을 감싼 채 조리하는 것을 의미한다. 오픈 파이어Open Fire에다 쇠꼬챙이Spit로 굽는 것도 로스팅이다. 로스팅은 보통 육류와 가금류 조리에 이용된다. 베이킹은 빵, 패스트리, 야채, 육류에 이용된다. 베이킹이 로스팅보다 더 일반적인 말이다.

(2) 브로일링Broiling

브로일링은 석쇠나 팬을 이용하여 굽는 조리방법이다.

① 브로일링은 부드러운 육류, 가금류, 어류, 채소 등에 이용하며 빠르고 고열의 조리법이다.

② 다음의 브로일링 원리를 주의해야 한다.

- 열을 최대로 한다. 조리온도는 랙Rack을 열원으로부터 가장 가까이 또는 가장 멀리 바꾸면서 조절한다.
- 크고 두꺼운 음식이나 완전히 익혀야 할 음식은 낮은 열을 가한다. 얇은 조각의 음식이나 덜 구울Rare 음식은 고온을 가한다. 이는 음식 내부와 외부가 똑같이 조리되게 하는 것이다. 두께가 다른 음식을 의도하는 정도의 표면 브로일링Browning을 하면서 동시에 내부를 적당히 익을 정도로 조리하는 데는 경험과 연습이 필요하다.

- 브로일리Broiler를 예비 가열힌다. 이는 음식이 빨리 그을리게 민드는 효과가 있다. 뜨거운 브로일러는 음식에 의존한 대로 그릴 자국을 만드는 것이다.
- 음식이 서로 붙거나 마르는 것을 방지하기 위해 기름에 담근다. 뜨거운 브로일러 위에 너무 많은 기름은 화재의 원인이 될 수 있으므로 주의해야 한다.
- 음식은 단 한 번 뒤집어 양쪽이 고루 익게 하여 불필요하게 만지지 않는다.

③ 저강도Low-intensity 브로일러를 살라만더Salamander라 부르는데, 손님에게 접대하기 전에 음식의 윗 부분을 브로잉Browin하거나 녹이는데 이용한다.

(3) 그릴Grill, 그리들Griddle, 팬브로일Pan-broil

① 그리들은 열원 뒤에 오픈 그리드Open Grid를 놓아 조리하는데, 열원은 숯, 전기 및 가스이다. 조리온도는 음식을 그릴 위의 차고 더운 부분으로 번갈아 움직여 조절한다. 그릴된 육류는 뒤집어 반대쪽도 구워지게 한다.

② 그리들은 들러붙지 않게 소량의 기름을 치거나 또는 치지 않은 채 그리들이라 불리는 단단한 조리용판에서 조리하는 것이다. 온도조절이 가능하고, 그릴보다 더 낫다. 육류 외에 달걀, 팬케이크도 그리들에 조리한다. 그루브드 그리들Grooved Griddle은 그릴에서 요리하는 것처럼 디자인되었고, 더 적은 연기를 뿜는다. 이것으로 조리한 음식은 지방을 태운 연기로부터 나는 'Charcoal Grilled' 맛이 나지 않는다.

③ 팬브로이링Fan-broiling은 소테 팬Saute Pan이나 스킬렛Skillet에서 조리하는 것 말고는 그리들과 같다. 기름은 음식 높이로 붓는다. 그렇지 않으면 조리과정이 팬프라이처럼 될 수 있다. 어떤 액체도 첨가하지 말고, 팬도 씌우지 않는다.

3) 기름을 사용하는 건조열방법

(1) 소테Sauté

소량의 기름으로 재빨리 조리하는 것이다.

① 불어로 'Sauter'는 소테 팬Saute Pan에 작은 조각의 음식을 토스하는 동작으로 'Jump'의 의미이다. 그러나 육류, 치킨 조각 등 부피가 큰 음식은 팬에서 토스하지 않고 소테한다.

② 다음 두 가지 중요한 원칙을 주목한다.

- 음식을 소테하기 전에 팬을 예비 가열한다. 음식이 재빨리 그을려지지 않으면 음식 자체의 즙에 익게 된다.

- 팬에 음식을 너무 많이 놓지 말아야 한다. 그럼으로써 온도가 낮아져 음식이 그을려지지 않게 되고 자체의 즙으로 익게 된다.

③ 소테될 육류는 들러붙는 것을 방지하려고 밀가루칠을 하여 일정하게 브라우닝 할 수 있다.

④ 음식이 소테된 다음 와인이나 스톡을 팬에 붓고 흔들어, 바닥에 붙은 음식조각을 떼어낸다. 이를 'Deglazing'이라 한다. 이 와인이나 스톡이 음식과 함께 접대되는 소스의 일부가 되는 것이다.

(2) 팬프라이 Pan-fry

팬프라이는 적당한 물의 팬에 적당량의 기름을 부어 조리하는 것이다.

① 팬프라이는 더 많은 기름이 사용되고 조리시간이 좀더 긴 것을 제외하고는 소태와 흡사하다. 이 방법은 참Chop과 치킨조각 등 부피가 큰 음식조리에 이용된다. 음식은 소테하는 것처럼 팬을 움직여 토스하지 않는다.

② 팬프라이는 소테보다 낮은 열로 하는데, 조리될 것의 부피가 크기 때문이다.

③ 기름의 양은 조리될 음식에 따른다. 예로 달걀에는 아주 소량의 기름이 들고, 팬프라이 치킨은 1인치나 조금 많은 양의 기름이 든다.

④ 대부분의 음식은 적어도 한 번 뒤집는다. 부피가 큰 음식은 팬에서 꺼내 오븐 표면의 과도한 브라우닝을 예방한다. 오븐에서 조리를 마치는 이 방법은 음식을 대량으로 팬프라이 할 때 조리를 간단하게 할 수 있다.

(3) 딥프라이 Deep-fry

딥프라이는 뜨거운 기름에 음식을 담궈 조리하는 것이다. 딥프라이 된 음식은 다음과 같은 특성을 지닌다.

① 최소 기름의 흡수
② 수분 손실의 최소
③ 보기 좋은 노릇노릇한 새깔
④ 바삭바삭한 표면

튀기기 전에 음식을 빵가루나 밀가루반죽에 묻혀 음식과 기름 사이에 보호막을 만들고 음식의 색깔과 맛 그리고 바삭거림을 좋게 한다. 따라서 빵가루와 밀가루의 질에 따라 음식의 마무리 맛을 결정한다.

2. 채소 썰기 용어Vegetable Cutting Terminology

음식의 시각적인 효과와 질감을 위하여 채소 썰기는 중요하다. 채소의 특징을 고려하여 여러 가지 모양과 크기로 일정하게 썰어서 사용해야 한다. 크기나 두께에 따라 채소를 썰기 위해 사용하는 방법은 다음과 같은 여러 가지 모양으로 나뉜다.

다이스Dice
0.6×0.6×0.6cm 크기의 정육면체 모양

쥐스Russe
0.5×0.5×3cm 크기의 길이로 써는 것

마세두안Macedoine
여러 가지 과일을 1.2×1.2×1.2cm 크기의 주사위 형태로 써는 것

민스Mince
채소나 고기를 다지거나 으깰 때 사용하는 방법

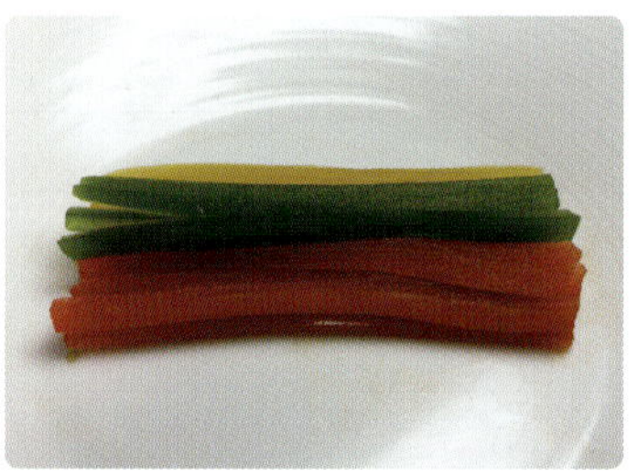

바토네Batonnet
0.6×0.6×5cm 길이로 네모 막대형 채소 썰기

브뤼누아즈Brunoise
0.3×0.3×0.3cm 크기의 주사위형 정육면체 형태의 네모 썰기

비시Vichy
4~6cm 정도의 두께로 둥글게 썰어 가장자리를 도려내는 모양

샤토Chateau
4~5cm 길이의 달걀 모양으로 가운데가 굵고 양쪽 끝이 가는 모양으로 길게 다듬는 것

시포나드Chiffonade
잎채소를 실처럼 가늘게 써는 것

아셰Hacher
영어로는 'Chopping'의 의미로, 채소를 곱게 다지는 것

알뤼메트Allumette
0.3×0.3×5cm 길이로 성냥개비 모양

맹세Emincer
영어로는 'Slice'의 의미로, 채소를 넓고 얇게 써는 것

올리베트Olivette
올리브 모양으로 썰어 다듬는 것

쥘리엔느Julienne
0.15×0.15×5cm 길이로 얇게 채 써는 것

초핑Chopping
채소를 브뤼누아즈보다 곱게 다지는 것

콩카세Concasse
토마토를 0.3~0.5cm 크기의 정사각형으로 써는 것

큐브Cube
2×2×2cm 크기의 정육면체 모양

투르네Tourner
둥근 과일이나 뿌리채소를 돌리면서 모양내기 한 것

파리지엔느Parisienne
채소나 과일을 둥근 구슬 모양으로 파내는 방법으로, 파리지엔느 나이프를 사용

3. 수프 가니쉬Soup Garnish

① 크루통Crouton : 브레드Bread, 프렌치 브레드French Bread를 정사각형으로 썰어 버터에 구워서 사용한다.

② 유제품Cream : 휘핑크림Whipping Cream, 사우어크림Sour Cream을 휘핑하여 크림수프에 사용한다.

③ 파스타Pasta : 누들Noodle, 스파게티Spaghetti, 마카로니Macaroni, 버미첼리Vermicelli 등 파스타를 삶아서 사용한다.

④ 채소Vegetable : 쥘리엔느Julienne, 브뤼누아즈Brunoise, 파리지엔느Paysanne, 콩카세Concasse, 다이스Dice 등의 규격으로 썰어서 사용한다.

⑤ 육류 · 어패류 : 필요한 용도에 따라 다지거나 채를 썰어서 사용한다.

⑥ 달걀 로열Egg Royal : 달걀에 우유와 부용 등을 섞은 다음, 중탕하여 다이아몬드 모양으로 썰어서 사용한다.

⑦ 셀레스틴Celestin : 달걀에 밀가루와 우유를 넣어서 크레페Creap를 만들어 쥘리엔느Julienne으로 썰어서 사용한다.

⑧ 덤플링Dumpling : 육류 등의 주재료에 밀가루를 넣고 만들어 사용한다.

이 밖에 곡류, 치즈, 페이스트리, 아몬드, 크래커 등을 다양하게 이용한다.

4. 계량법Measuring Act

계란이란 특정한 양을 측정하기 위해 무게, 부피, 길이, 수량을 측정하는 것이다. 조리에서 과학적인 방법으로 재료를 정확하게 계량하는 것은 조리의 기본이 되므로 계량은 매우 중요하다. 무게를 나타내는 단위는 그램Gram, 온스Ounce, 파운드Pound, 톤Ton 등이 있고, 부피는 티스푼Teaspoon, 컵Cup, 갤런Gallon, 쿼트Quart 등이 사용되고 있다. 계량에 사용되는 기구로는 마른 재료용Dry Measuring Cups, 액체용 계량컵Liquid Measuring Cups, 주방저울Portion Scale 등이 있고, 수량의 계량 단위는 1인분으로 한다.

1) 약자의 표시

- each(개, 개수) = ea
- liter(리터) = it clove(조각, 쪽) = cl

- teaspoon(작은 스푼) = ts
- pound(파운드) = lb bundle
- kilogram(킬로그램) = kg
- piece(조각, 쪽) = pc
- bunch(다발) = bn
- tablespoon(큰 스푼) = T
- cup(컵) = c
- milliter(밀리리터) = ml
- bsp gra(그램) = gr
- ounces(온스) = oz
- slice(슬라이스) = sl

2) 계량 단위 환산법

- 3tsp = 1Tbs
- 16Tbs = 1c
- 1oz = 1/8c = 2Tbs
- 1c = 8oz = 48tsp
- 2c = 1파운드(pint) = 16oz
- 4c = 1quart = 32oz
- 16c = 1gallon = 128oz
- 1oz = 28.325g
- 1pint(1bs) = 0.45kg
- 1액량온스(fluid ounce=oz) = 30ml

3) 온도 계산법

- 섭씨Centigrade, 화씨Fahrenheit
- 섭씨를 화씨로 고치는 공식 : ℉ = 1.8×℃+32

  ex) ℉ = 1.8×100+32 = 212
- 화씨를 섭씨로 고치는 공식 : ℃ = 1.8÷(℉−32)

  ex) ℃ = 1.8÷(212−32) = 100

CHAPTER 3 칼의 종류와 사용방법

1. 조리용 기물 및 기기의 종류

조리용 기물의 역할은 한마디로 조리사 개인의 조리작업 과정에서 나타나는 여러 가지 기능을 할 수 있는 요리 창조에 있다. 조리용 기물은 조리업무의 효율성을 높여줌과 동시에 조리상품의 부가가치를 고객들로 하여금 새롭게 창출할 수 있는 쓰임새가 다양한 기물이다. 조리용 기물의 종류는 나뭇잎의 수만큼이나 헤아릴 수 없이 다양하며, 일반적인 칼로 할 수 없는 부분, 기계를 사용하기에는 너무 범위가 작은 조리작업을 마치 요술같이 처리할 수 있다.

1) 조리용 소기물Hand Tool의 종류

① 볼컷터Melon Ball Cutter, Parisian Scoop : 양쪽 날이 둥글게 파여 있고 손잡이가 두 줄로 되어 있어 감자나 당근, 무, 근채류, 과일 등을 둥글게 잘라낼 때 사용하는 기물이다.

② 껍질 까는 칼Vegetable Peeler : 근채류나 야채 등의 껍질을 벗길 때 사용한다.

③ 제스터Zester : 귤, 레몬, 오렌지, 라임 등의 껍질을 벗겨서 기본적인 재료로 요리할 때 사용한다.

④ 집게Tongs : 뜨거운 음식물 또는 식재료를 집을 때 사용한다.

⑤ 조리용 스푼Plain and Slotted Spoons : 조리작업 시 사용되는 스푼으로, 구멍이 있는 아미 스푼과 롱 스푼이 있다.

⑥ 거품기Whisks : 달걀흰자, 생크림 등의 거품을 낼 때 주로 사용하고, 조리작업 시 재료가 덩어리로 남아 있을 때 이를 없애기 위해 사용하는 기물이다.

⑦ 고무주걱Rubber Spatula : 기구에 붙어 있는 고운 재료를 분리하거나 모을 때 사용한다.

⑧ 뒤집게Straight Spatula : 조리작업 시 납작한 재료를 쉽게 뒤집을 수 있도록 고안되어 있다.

⑨ 그릴 뒤집게Grill Spatula : 철판에서 조리작업 시 쉽게 뒤집을 수 있도록 만들어진 소도구 중에 가장 많이 사용하는 것이다.

⑩ 조리용 포크Chef's Pork : 조리작업 시 손을 사용하지 않고 육류 덩어리나 재료를 깊이 찔러 고정할 수 있고 옮길 수 있는 다양한 기능을 가지고 있다.

⑪ 육류 두드림망치Meat Mallet : 육류나 가금류 등의 고기류를 얇게 두드리거나 펼 때 사용한다.

⑫ 테이블 고정 캔따개Table-mounted Can Opener : 작업테이블에 고정시킨 상태에서 비교적 큰 통조림이나 많은 양의 통조림을 딸 때 사용한다.

⑬ 치즈갈게Cheese Grater : 단단한 치즈를 갈 때 사용한다.

⑭ 믹싱 볼Mixing Bowl : 면이 둥글게 되어 있어 거품을 내거나 재료를 섞기 용이하게 만들어진 기구이다.

⑮ 다용도 뜨개Scoop(아이스 뜨개) : 아이스크림이나 감자 같은 것, 또는 액체 종류 등 개별적으로 사용할 때 주로 이용한다.

⑯ 팀발기Timal Mould : 팀발요리를 할 때 모양을 내는 기구이다.

⑰ 짤주머니Pastry Bag : 밀가루 종류를 반죽하거나 갈은 감자, 크림 종류를 조리할 수 있도록 할 때 또는 모양을 낼 때 사용한다.

⑱ 짤주머니 노즐Assorted Nozzles : 짤주머니에 부착하여 다양한 모양을 낼 수 있도록 한 노즐이다.

⑲ 모양 자르기Ornamenter Ring : 오렌지나 레몬 등을 홈이 파이도록 한 다음, 둥글게 자를 때 모양내는 기구이다.

⑳ 달걀 절단기Egg Slicer : 삶은 달걀을 일정한 모양으로 자를 때 사용한다.

2. 칼Knife의 종류와 사용방법

주방에서 사용하고 있는 조리기물과 기기 중 가장 기본적이면서 중요한 것이 바로 칼Knife이다. 칼은 음식을 만드는 속도와 정교한 조리상품을 만드는 데도 필요한 도구이다. 특히 유능한 조리사들은 그들 자신만을 위한 칼이 항상 준비되어 있다. 자기 자신의 소유임을 표시하고 칼세트를 가지고 다니는 사람도 있다.

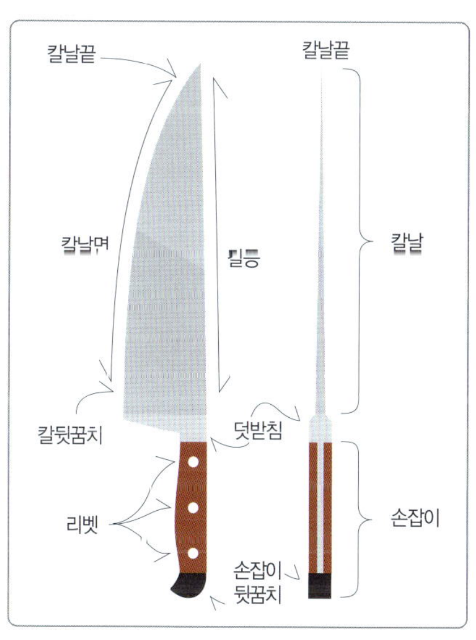

칼의 구조

조리과정에서 칼의 역할은 먹음직스럽고 다양한 종류의 음식을 만들어내는데 적절하지만, 충분히 날카롭고 어떤 기물이나 기기보다도 효율적으로 사용할 수 있는 칼은 현대에 와서는 헤아릴 수 없을 정도로 세분화되어 있을 뿐 아니라, 그 질과 가지도 다양하다.

일반적으로 칼을 선택할 때는 꼭 비싼 것만이 좋은 칼은 아니다. 자기가 사용할 때에 손잡이가 편리하고 전체적으로 균형이 잘 잡힌 칼이어야 기술을 안전하게 마음껏 발휘할 수 있다. 또한 쉽게 잘 갈아지면서 오랫동안 날이 보존되는 것이어야 하며, 무엇보다 칼 손잡이 부분과 쇠가 주물 당시 하나로 이루어진 것을 고르는 것이 오랜 시간 사용하는 조리사들에게 매우 중요한 사항이다.

1) 칼의 종류

① 프렌치 칼French or Chef's Knife : 일반적으로 가장 많이 사용하고 있는 다목적 칼로, 손잡이와 칼날을 포함하여 길이가 30~40cm 정도가 적당하고, 칼 뒤축은 두툼하고 끝이 날카롭다.

② 다용도 칼Utility Knife : 다목적용으로 과일이나 야채를 썰 때 많이 이용되며, 주로 여성들이 사용하기 편리하다. 프렌치 칼보다 길이가 짧고, 무게도 적게 나가며 두께 또한 얇다.

③ 뼈 제거용 칼Boning Knife : 15~20cm 크기로 면적이 적다. 육류 손질 시 뼈와 살을 분리하기 위한 칼로, 손잡이 부분이 단단하며 칼을 잡는 방법도 움켜쥐듯이 잡아 사용한다.

④ 페어링 칼Paring Knife : 주로 과일의 씨를 제거하거나 야채를 다듬을 때 쓰는 작은 칼이다. 주로 미세한 조리를 할 때 사용한다.

⑤ 도끼 칼Cleaver Knife : 주로 부처주방Butcher Shop에서 사용하는 칼로, 칼 두께가 두꺼워서 닭이나 오리 또는 생선뼈를 토막낼 때, 뼈가 많은 가금류를 통채로 토막낼 때 사용하는 칼이다.

⑥ 슬라이스 칼Carving or Slicer Knife : 일반적으로 칼 끝이 둥글게 처리되어 있으며, 칼날은 곧고 대단히 날카롭다. 또한 칼의 두께가 얇고 휘어질 정도로 되어 있기 때문에 초보자들은 매우 조심스럽게 다루어야 한다. 햄이나 두꺼운 육류를 얇게 썰기 위한 목적의 칼이다.

⑦ 부처 칼Butcher Knife : 육류나 가금류 및 생선류 등을 취급하는 주방에서 사용하기 때문에, 칼 두께가 비교적 두껍고 칼날이 쉽게 상하지 않으므로 거친 작업을 할 때 사용한다.

⑧ 굴 칼 또는 조개 칼Oyster or Clam Knife : 굴이나 조개류의 껍질을 쉽게 열기 위해 양날로 되어 있으며, 뾰족하여 조그마한 틈새라도 파고들 수 있도록 칼 길이가 짧고 손잡이는 안정성이 있도록 설계되어 있는 칼이다.

⑨ 생선 칼Fish Knife : 생선 칼은 두께가 얇고 휘어지기 쉽게 되어 있으며, 생선살이 부스러지지 않도록 썰기 위한 칼로 칼날이 요리에 붙지 않기 위해 공기 틈을 준 것이 특징이다. 또한 훈제된 연어나 송어 등을 얇게 썰 때 많이 사용하는데, 이것 외에도 육류요리를 즉석에서 고객에게 제공할 때에도 사용하는 다목적용으로 매우 쓰임새가 있다. 당근, 무 같은 야채에는 사용을 피해야 한다. 물론 초보자는 숙련될 때까지 매우 조심해서 사용해야 한다.

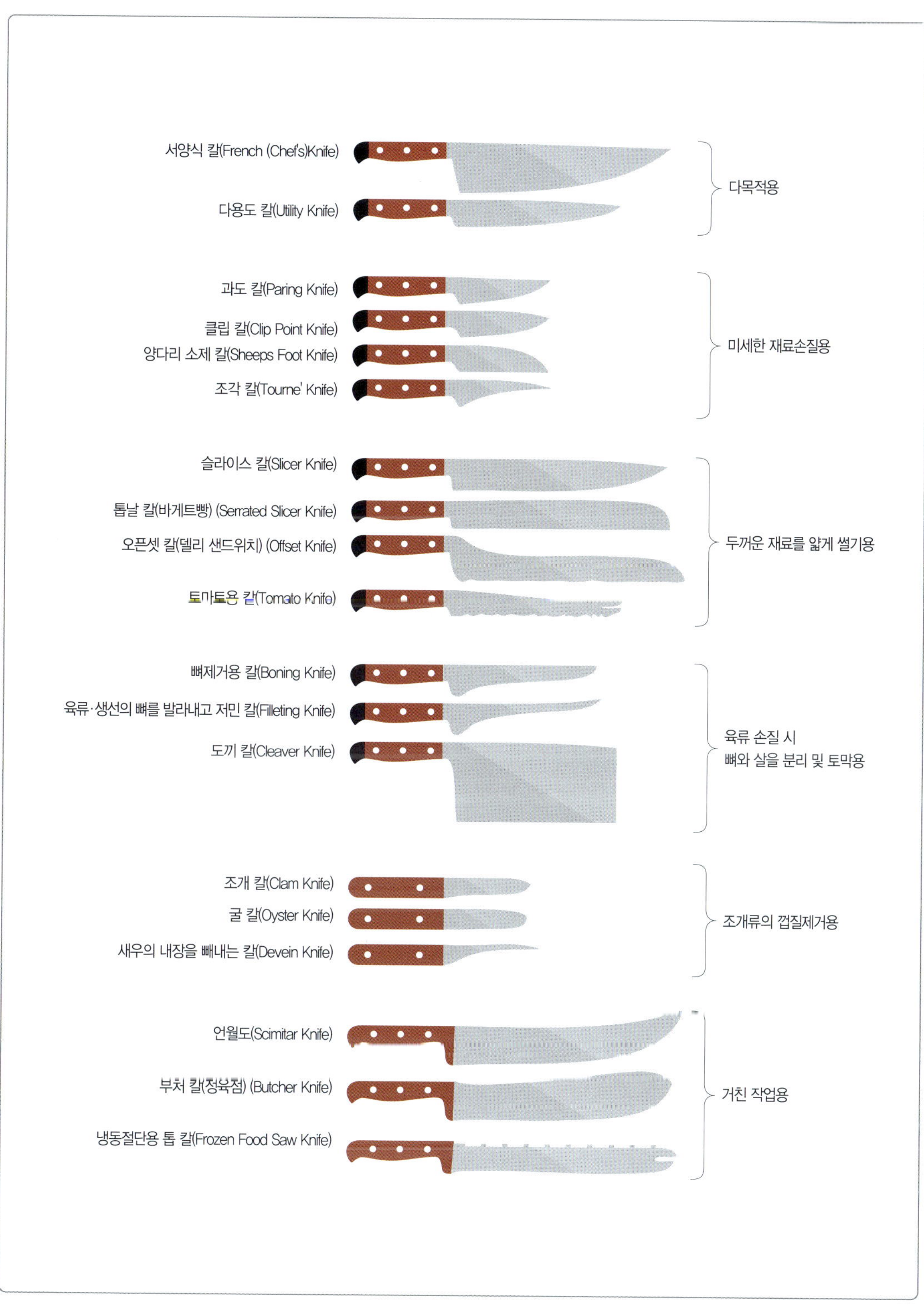
서양식 칼(French (Chef's)Knife)
다용도 칼(Utility Knife)
다목적용
과도 칼(Paring Knife)
클립 칼(Clip Point Knife)
양다리 소제 칼(Sheeps Foot Knife)
조각 칼(Tourne' Knife)
미세한 재료손질용
슬라이스 칼(Slicer Knife)
톱날 칼(바게트빵) (Serrated Slicer Knife)
오픈셋 칼(델리 샌드위치) (Offset Knife)
토마토용 칼(Tomato Knife)
두꺼운 재료를 얇게 썰기용
뼈제거용 칼(Boning Knife)
육류·생선의 뼈를 발라내고 저민 칼(Filleting Knife)
도끼 칼(Cleaver Knife)
육류 손질 시
뼈와 살을 분리 및 토막용
조개 칼(Clam Knife)
굴 칼(Oyster Knife)
새우의 내장을 빼내는 칼(Devein Knife)
조개류의 껍질제거용
언월도(Scimitar Knife)
부처 칼(정육점) (Butcher Knife)
냉동절단용 톱 칼(Frozen Food Saw Knife)
거친 작업용

여러 가지 칼의 종류

⑩ 치즈 칼Cheese Knife : 단단한 치스를 절단하기 위한 칼로 일반 칼과는 모양부터 다르다. 손잡이의 무게중심이 칼날 중앙에 있고 힘을 전달하는데 있어 손목–팔–온몸을 이용할 수 있다. 이외에도 치즈 칼은 치즈의 종류, 크기에 따라 다양하다.

⑪ 모양 칼Chnnel Knife : 칼날이 파도 모양으로 굴곡이 있고 재료를 썰었을 때 작은 모양이 생겨나도록 설계된 칼로, 일정한 주름 모양을 내는 조리를 할 때 사용하면 편리하다.

⑫ 자몽 칼Grapefruit Knife : 자몽의 다른 부분을 많이 손상하지 않고 안쪽에 웨이지 모양을 내서 먹기 편리하게 작업할 수 있는 자몽 전용 칼이다. 칼날에 작은 톱날이 주름지듯이 깔려 있고 자몽 곡선과 같이 휘어져 있는 것이 특징이다.

⑬ 쇠칼갈이 봉Steel : 칼날을 날카롭게 하기 위한 쇠봉으로, 숫돌로 칼날을 세우고 조리 중에 순간적으로 날을 날카롭게 하기 위한 기구이다. 손잡이와 봉 사이에는 손을 보호하는 보호막이 있고 쇠봉의 결도 여러 가지가 있다. 단 너무 많이 반복하여 사용하면 오히려 칼날을 망치기 때문에 1회에 7~8번을 넘지 않도록 한다.

⑭ 숫돌Sharpening Stone : 칼날을 날카롭게 하기 위한 돌의 일종으로, 입자의 크기에 따라 크게 세 가지(입자의 굵기 순서로 날세우기용, 다듬기용, 마무리용)로 구분한다. 숫돌을 사용할 때는 사용하기 전에 물에 잠길 정도로 담가두어 물기를 충분히 흡수한 다음, 칼날 전체가 숫돌면에 골고루 닿을 수 있도록 하고 안정된 자세에서 같은 행위를 반복한다. 숫돌 역시 필요 이상으로 많이 사용하면 칼날이 빨리 마모되기 때문에 숫돌과 쇠칼갈이 봉을 효율적으로 병행 사용하는 것이 좋다.

2) 칼 잡는 법Handing the Knife

조리를 하기 위해 식재료를 자르고, 다지고, 써는데 필요한 기구는 여러 종류가 있다. 하지만 조리사에게 가장 중요한 다기능의 절단기구가 바로 칼이다. 칼은 기계나 장비보다 더 정확하고 많은 양을 써는 경우가 아니라면 더 빨리 작업을 한다.

주방 조리사들이 모든 조리작업 과정을 원활하게 진행하고 안전사고를 미연에 방지하기 위해서는 무엇보다도 칼을 어떻게 잡고 자기 몸에 알맞도록 익숙하게 사용하느냐에 달려 있다. 칼을 잡는 방법과 사용하는 방법을 정확하게 알아야 조리작업의 효율성을 최대로 높일 수 있는 것이다. 칼을 정확하게 쥐고 사용해야만 조리과정이 자연스럽고 질 높은 조리상품을 창출할 수 있으며, 여러 종류의 야채나 육류 및 식재료를 절단할 시 정확도와 속도를 높일 수 있다. 또한 칼을 알맞게 잡아야 미끄럼을 방지시키고 사고의 위험도를 줄일 수 있다. 칼 잡는 방법은 조리작업의 특성과 칼의 크기에 달려 있지만, 대체적으로 세 가지의 방법이 있다.

첫 번째, 일반석으로 설단할 수 있는 동작의 칼 잡는 방법으로, 엄지와 검지로 칼받침과 손잡이 접지 부분의 절반 이상을 감싸 잡고, 나머지 손가락은 자연스럽게 칼면을 감싸는 방법이다. 이는 야채나 크지 않은 육류 등을 잡아당기며 썰 때나 앞으로 밀면서 썰 때 사용하는 방법이다. 특히 칼끝을 이동하지 않고 자연스럽게 칼을 앞으로 당기거나 미는 동작이다. 또는 야채의 채를 썰 때처럼 위에서 밑으로 내리치듯이 하는 손동작이다. 이때 손목과 어깨에 힘을 주지 않아야 오랫동안 서서 작업할 수 있다. 칼을 잡고 팔을 길게 앞으로 펼쳐보면 칼끝과 검지손가락이 일치하는 모습을 보인다.

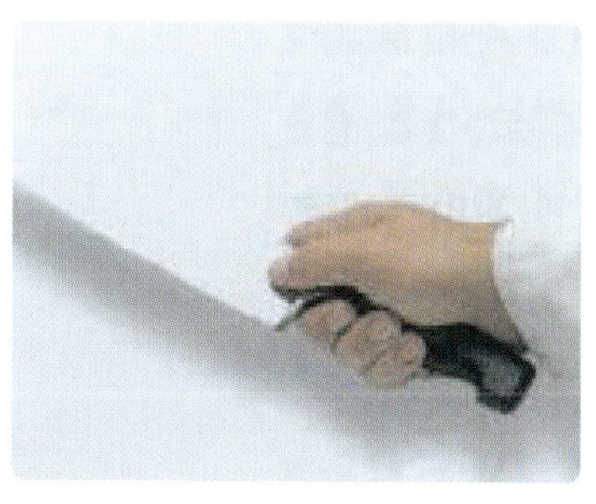

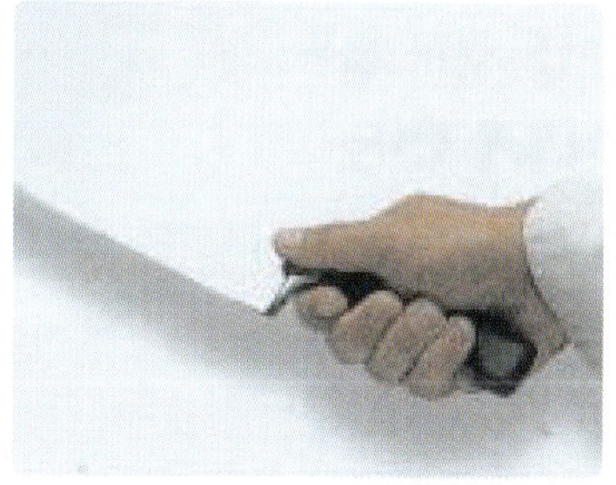

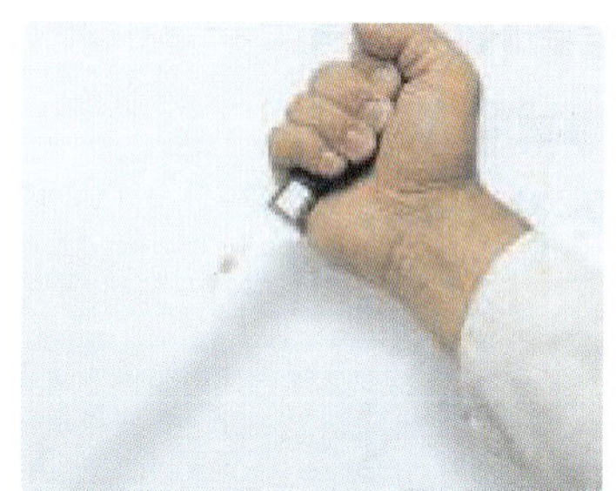

두 번째, 칼 잡는 방법으로는 엄지와 검지를 이용하는 방법인데, 엄지는 칼받침 밑을 감싸고 검지는 칼등 위로 손가락을 길게 펴고 나머지 손가락은 자연스럽게 칼면을 감싸는 방법이다. 또는 엄지로 칼받침면을 가볍게 잡고 나머지 손가락은 칼 손잡이를 감싸듯이 잡는 방법이다. 이러한 방법은 주로 칼끝으로 정교하게 식재료를 자를 때나 또는 가볍게 썰 때 사용하는 방법이다.

세 번째, 본 나이프Boning Knife 등을 잡는 방법으로, 손바닥 가운데에 칼자루를 놓고 주먹을 쥐듯이 잡는 방법이다. 이 방법은 육류의 뼈를 바를 때 사용하는 칼 사용법이다.

3) 숫돌The Sharpening Stone 다루기

숫돌은 조리사들의 칼을 날카롭게 유지하고 음식을 다루는데 편리함을 주는 보조도구로, 주방에서 최고의 도구로 인정받기 위해서는 필수적이다. 보통 전기숫돌을 사용할 경우 칼날을 너무 많이 깎아버리는 특성을 가지고 있기 때문에 조리사가 직접 사용하기에는 매우 불편하다. 일반 숫돌의 사용방법과 지침을 올바르게 인식하고 사용하기 위해서는 다음과 같은 사항을 준수해야 한다.

① 숫돌에서 칼을 갈 때는 먼저 칼날을 숫돌의 면에서 약 20도 각도로 일정하게 유지해야 한다.

② 20도 각도로 칼끝을 잡고 칼날 끝부터 앞으로 밀면서 갈기 시작한다.
③ 숫돌 위에서 칼을 당기기 시작하면서 칼날에 부드러운 압력을 가하기 시작한다.
④ 칼을 숫돌의 면에 대고 가볍고 일정하게 압력을 가하면서, 양쪽 날을 같은 수로 반복하여 작용한다.
⑤ 마지막 몇 번은 숫돌이 아닌 쇠칼갈이Steel에 갈고 날을 깨끗이 씻는다.

4) 쇠칼갈이The Steel 사용법

쇠칼갈이는 칼날을 직접 가는데 사용하는 것이 아니고, 칼날을 일정하게 조정하여 유지하려는데 사용하는 도구이다. 특히 칼날을 정확하게 유지하기 위한 보조역할을 하는 도구이기도 하다. 쇠칼갈이를 이용할 때는 다음의 주의사항을 준수해야 한다.

① 칼 뒤축을 쇠칼갈이에 약 20도 각도가 되도록 잡는다. 만약 각도가 작아지면 효과가 적어지고, 각도가 커지면 날이 무디어진다.
② 규칙적인 반복작용을 하지만 쇠칼갈이와 반대로 갈지 않는다.
③ 칼날의 한 쪽 면을 먼저 갈고, 다음엔 반대 날을 가는 동작을 번갈아 한다.
④ 날 한 쪽에 5~6번 이상의 반복동작을 하지 않아야 하며, 너무 많이 하면 칼날이 무디어진다.
⑤ 쇠칼갈이를 자주 사용하면 숫돌을 사용하는 것보다 용이하다. 다음은 쇠칼갈이를 사용하는 몇 가지 방법을 예시하고 있는데, 사용자는 사용방법에 대한 세심한 주의가 필요하며 사용방법을 정확하게 익혀야 한다.
⑥ 몸에서 멀리 떨어지게 쇠칼갈이와 칼을 잡고, 칼은 수직으로 되도록 하며 쇠칼갈이와 20도의 각도가 유지되도록 하여 칼 뒤축부터 쇠칼갈이에 간다.

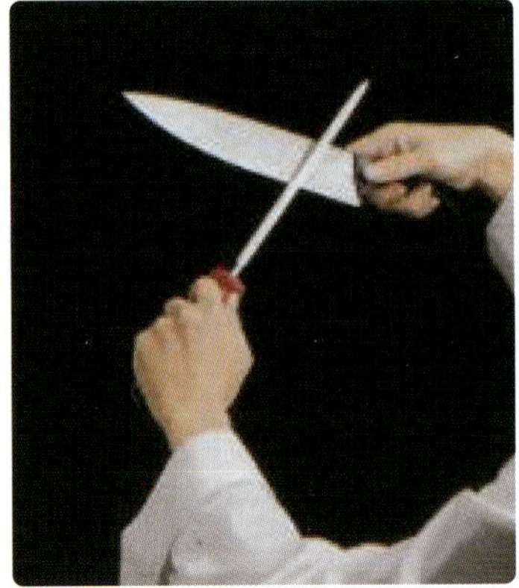

⑦ 칼날을 반 타원형으로 그리며 쇠칼갈이를 따라 칼을 가볍게 움직인다.

⑧ 칼날 끝으로 쇠칼갈이의 손잡이를 치지 않도록 함과 동시에, 동작을 반대쪽 면에서 계속해서 반복한다.

5) 칼 다루기

한 손으로 칼을 다루고 있는 동안 다른 한 손은 자를 식재료를 움직이지 않게 잡고 칼날이 정확하게 자를 식재료에 닿도록 함과 동시에, 자르고자 하는 모양대로 손의 위치선정을 올바르게 하여 자른다. 특히 손의 베임을 방지하는 것이 가장 중요한 원칙이다.

CHAPTER 4 기초조리(스톡과 소스)

1. 스톡의 개요

1) 스톡의 개념

스톡Stock은 서양조리에 있어서 가장 기본이자 요리의 시작으로서 소뼈, 닭뼈, 생선뼈, 야채, 향신료 등을 물과 함께 끓여 본래의 맛을 우려낸 국물이다. 스톡은 일정한 양을 만들어내면 얼마동안 보관하면서 필요할 때마다 사용하게 되는데, 일단 만들어진 스톡은 다른 이물질이나 향이 스며들지 않도록 보관에도 각별히 주의해야 한다. 스톡은 모든 요리의 맛을 낼 수 있는 기본적인 요소로서 수프, 소스를 비롯하여 서양요리에 바탕을 두고 있다.

2) 스톡의 종류

(1) 화이트 스톡White Stock

화이트 스톡은 닭, 송아지Veal 또는 소Beef뼈를 야채와 함께 끓인 다음 약간의 양념을 한 것이다. 다른 요리에 색변화를 주지 않기 위하여 짙은 색을 내지 않고 맛만을 우려낸 것이다.

(2) 브라운 스톡Brown Stock

브라운 스톡 역시 화이트 스톡에서와 같은 뼈와 야채를 이용하지만, 이 재료들을 높은 열에서 캐러멜화Caramalized 시킨다. 즉 색을 낸 다음 물과 함께 낮은 불에서 장시간 국물을 우려내어 짙은 갈색을 나타낸다.

(3) 부용Bouillon

부용 역시 맛을 낸 국물이지만, 이 중에서도 야채 국물을 특히 부용이라 하고, 야채 국물에 와인이나 식초와 같은 산성 재료를 더하여 만든 것을 부용이라 한다. 부용은 생선이나 야채를 삶아내기 위한 매개체로 많이 사용한다.

3) 기타 용어

(1) 부케가르니Bouquet Garni

스톡이나 소스에 향을 내기 위하여 사용하는 것으로 허브Thume, Bay leaves, Parsley, Rosemary와 야채 등을 실로 묶어 사용한다. 요리에 따라 사용되는 향신료와 야채가 다르다.

(2) 미르포아Mirepoix

18세기 리바이스 미르포아Levis Mirepoix 공작의 요리장이 개발한 것으로 스톡, 소스요리 등에 맛을 내기 위하여 여러 가지 야채(당근, 샐러리, 양파, 릭Leek)와 각종 향신료, 그리고 훈연시킨 햄조각 등을 잘게 또는 브뤼누아즈Brunoise로 썰어서 기름과 함께 볶아 사용한다.

2. 소스의 개요

1) 소스의 개념

소스Sauce의 어원은 라틴어의 'Sal'에서 유래하였으며 '소금'을 뜻하는 말이다. 그 근본 역할은 요리의 풍미를 더해 주는데 있으며, 양식요리의 생명은 바로 소스의 맛에 의하여 결정된다 해도 과언이 아닐 것이다. 주방에서 소스의 생산은 오랜 조리경험이 있는 조리장이 담당하며, 주방에서 가장 중요한 위치이다.

소스의 종류는 수백 종에 이르나 기본적으로 크게 나누어 베샤멜Bechamel, 벨루테Veloute, 에스파뇰Espagnole, 홀랜다이즈Hollandaise, 토마토Tomato 등 다섯 가지 모제소스로 나눌 수 있으며, 소스에 들어가는 여러 가지 부재료Accessory Elements에 따라서 다양한 파생소스가 나온다. 이러한 모든 소스의 종류를 기억한다는 것은 불가능하므로, 기본 모체소스를 잘 익힘으로써 자기 나름대로의 파생소스를 개발할 수 있을 것이다.

2) 소스의 기본기술

몇 가지 소스를 제외하고는 대부분의 소스가 다음과 같은 방법으로 생산된다.

첫째, 육수를 만든다.
둘째, 농도조절을 위한 매개체를 사용하여 맛과 향, 모양을 만든다.
셋째, 소금과 후추로 간을 하고 필요한 향을 첨가한다.

기본적으로 소스는 다섯 가지의 커다란 모체소스 그룹으로 나뉜다. 다섯 가지 모체소스는 베샤멜Bechamel, 벨루테Veloute, 에스파뇰Espagnol or Brown, 토마토Tomato, 홀랜다이즈Hollandaise로 구분된다. 홀렌다이즈소스를 제외한 모체소스는 그 자신보다는 다른 파생소스로서 요리에 사용되는 경우가 많다. 이와 같은 모체소스에서 발생되지 않은 소스는 과일이나 야채와 같은 재료를 갈거나 퓨레 형식인 쿠울리Coulis라고 하는 방식으로 요리에 사용된다.

이 외에도 프렌치버터소스Beurre Blance와 같이 와인이나 식초를 조려서 버터와 혼합한 즉석 소스가 하나의 주류를 이르고 있지만, 어디까지나 모체소스 구이의 한 형태로 나타난다. 하지만 현대에 와서는 소스의 개념을 깊은 맛에 한정하지 않고 간단하면서도 자연 그대로의 향을 살린 소스가 각광을 받고 있어 멀지 않아 새로운 소스의 체계가 불가피할 것으로 보인다.

3) 루

루Roux는 서양요리에서 대표적인 소스 농후제이다. 루는 버터와 밀가루를 같은 비율로 하여 열을 가한 다음, 지방성분이 밀가루의 성분 하나하나에 지방이 싸여 쉽게 풀어지고 서로 엉기는 것을 방지하는 조리방식을 사용한 과학적인 농후제이다. 규모가 크고 사용량이 많은 주방에서는 미리 많은 양의 루를 생산해 놓고 필요할 때마다 조금씩 덜어서 사용하면 된다.

(1) 화이트 루White Roux

밀가루와 버터를 넣어 열을 가하면 방울이 올라오고 밝은 색을 띤 상태에서 조리를 정지하면 된다. 화이트 루는 베샤멜소스와 같이 색을 필요로 하지 않는 소스나 수프에 사용된다.

(2) 블론디 루Blond Roux

블론디 루는 화이트 루보다는 조금 더 색을 낸 것으로, 밀가루에서 캐러멜화가 시작되기 바로 전에 조리를 중단한다. 조금 더 향을 필요로 하는 소스에 사용되며, 상아색이 나는 소스와 벨루테Veloute 같은 약한 색을 내는데 주로 사용한다.

(3) 브라운 루Brown Roux

짙은 갈색이 날 때까지 밀가루와 버터를 볶아준다. 브라운 루는 향이 강하고 짙은 소스에 주로 이용하는데, 육류요리 계통의 소스가 주를 이룬다. 브라운 루는 열을 많이 가하는 관계로 밀가루에 포함되어 있는 젤라틴 성분이 줄어들기 때문에, 다른 화이트 루나 블론디 루보다 많은 양이 농도조절이 필요하다.

4) 베르마니

베르마니Beurre Manie는 밀가루와 버터를 같은 비율로 섞은 것이다. 밀가루와 버터를 반죽하여 서로 완전히 섞어 부드러워질 때까지 비벼주거나 나무주걱으로 저어주면 된다. 이렇게 하면 그 덩어리가 마치 콩알처럼 서로 뭉쳐 있게 된다. 이것을 소스 농도 조절 시 적당량을 넣어가며 위퍼로 휘저으면 쉽게 풀어진다. 베르마니는 비교적 간편하고 즉시 사용할 수 있는 장점 때문에 흔히 이용하고 있으며 조리의 마무리 단계에서 첨가하면 된다. 베르마니에 포함된 버터성분은 소스의 향과 빛을 좋게 한다.

5) 리에종

위에서 설명한 농후제와는 달리 리에종Liaision은 소스를 젤라틴화에 의한 농도 조절제가 아니다. 리에종은 달걀노른자나 생크림과 같이 자신의 성격을 어느 정도 나타내어 소스에 대한 풍미와 영양을 더해주고 부드러움을 강조하는 농후제로는 비교적 강도가 떨어지는 재료이다. 달걀노른자를 이용하여 소스의 농도를 조절할 때는 매우 주의를 기울여야 하는데, 그 이유는 달걀노른자를 넣을 때 너무 뜨거우면 소스에 덩어리 현상이 일어나기 때문이다.

달걀노른자를 사용할 때는 첨가대상인 소스가 충분히 뜨거워진 상태에서 위퍼로 저어가며 천천히 넣어준다. 이때도 온도가 너무 높이 올라가는 것을 막아주어 일정한 온도를 유지해야 한다.

달걀노른자가 굳어지는 온도는 65~70℃ 사이이고, 소스와 결합하여 농도를 유지할 수 있는 온도는 82~85℃ 정도이다. 85℃를 넘게 되면 노른자는 덩어리가 생기고 굳어지게 된다. 따라서 일단 달걀노른자를 사용하여 농도조절이 된 소스는 60~85℃ 사이의 적정온도를 유지해야 한다.

CHAPTER 5

향신료

1. 향신료의 개요

향신료는 음식에 풍미를 주어 식욕을 촉진시키는 식물성 물질로서 요리에 미치는 직·간접적인 영향은 대단하다. 특히 서양요리에 있어 향신료는 빠져서는 안 될 재료이며, 요리의 맛을 좌우하는 중요한 요소로서 서양요리와 관련한 담당조리사들은 자세히 알아둘 필요가 있다.

향신료의 주된 사용 목적은 다양하지만, 그렇다고 해서 사용하지 말아야 할 요리에 사용할 경우 향신료의 기본적인 특성과는 맞지 않는다. 향신료는 사용해야 할 요리와 그렇지 않은 요리를 적절히 구분하여 첨가해야 한다.

향신료는 세계적으로 볼 때 대단한 중요성을 지니고 있다. 콜롬버스의 신대륙 발견과 바스코다가마가 아프리카 희망봉을 돌아서 인도항로까지 개척한 일, 미켈란의 세계일주 등의 목적은 당시에 값비싼 향신료를 얻기 위한 모험 중의 하나로 전해지고 있다. 그리고 이것을 계기로 세계적인 식민지화가 시작되었다. 유럽인들이 향신료를 본격적으로 사용하기 시작한 것은 로마가 이집트를 정복한 후부터이며, 그 당시 귀중하게 생각되었던 향신료는 인도산의 후추와 계피였다. 이 당시에 후추와 계피가 전해지는 항로는 무역풍을 타고 인도양을 건너 홍해를 북상하여 이집트에 달하는 바닷길이었다.

클로브와 넛맥이 등장한 시기는 이슬람교도들이 팽창한 시기이다. 이 당시에는 아랍상인들이 모든 상권을 장악하고 있어 후추를 비롯한 모든 향신료가 매우 비싼 가격에 통용되고 있었다. 그러나 그렇게 비싼 가격에도 불구하고 향신료를 무리하게 구입한 이유는 이들 국가에서는 육식에 기반을 두고 있으므로, 냉장시설이 발달되지 않은 탓에 육류의 오랜 보관이나 맛을 내기 위해서는 향신료가 필수적이었으며, 이러한 이유 외에도 향신료를 약품으로 사용하였기 때문으로 분석된다. 그 당시에는 서양의학도 걸음마 단계였기 때문에, 모든 병이 악풍에서 온다고 믿어 악취와 악풍을 없애기 위한 방법으로 향신료를 사용하였다.

그 후 17세기 초에는 미국 신대륙에서 고추, 바닐라, 올스파이스와 같은 새로운 향신료가 발견되었고, 특히 고추는 후추가 가지고 있는 맛을 함유함과 동시에 온대지방에서도 재배가 가능하여 쉽게 전파되었다. 이 당시에 지중해 연안의 나라들은 마늘, 딜을 최고의 향신료로 여기게 되었으며, 특히 프랑스요리는 향료를 사용하는데 기준이 될 정도로 향초와 향신료를 독특하게 사용하였다.

요리를 하는 데에 향초를 이용하는 방법은 나라마다 조금씩 특색을 가지고 있다. 그것은 그 나라의 전통과도 일맥상통하며 문화로 발전되기도 한다. 중동과 그리스에서는 오레가노, 민트, 딜이 양고기요리에 다량으로 쓰이고, 태국이나 동남아시아 국가들은 커리앤더 잎을 거의 모든 요리에 사용하고 있다. 또한 이들이 사용하고 있는 향신료 중에서는 레몬그라스가 차를 비롯하여 생선요리, 닭고기요리 등에 두루 애용되고 있다. 영국에서 흔히 사용하고 있는 향신료는 세이지로, 돼지고기요리에 많이 사용하며 치즈와도 함께 식탁에 오르고 있다. 이탈리인들은 전통적으로 바질과 토마토, 휀넬을 함께 사용하고 로즈마리를 양고기에 곁들이기를 즐기며, 독일인들은 사보리와 콩을, 프랑스인들은 타라곤과 닭고기를 함께 즐기는 것으로 널리 알려져 있다.

특이할 만한 것은 현대 농업기술의 발달로 말려서 사용하던 향신료들이 근래에는 신선한 향초로 요리에 곁들이는 경향이 두드러지고 있다. 이것은 현대 교통이나 통신의 발달로 식재료의 운반이 용이해졌고 이와 더불어 향신료에 대한 정보와 지식이 널리 대중화되었기 때문으로 분석된다. 향초의 사용은 일반적으로 가공하지 않은 자연 그대로의 것을 많이 사용하게 되는데, 전문가의 입장에서도 그 생김새나 모양, 향 등이 익숙하지 않아 혼동을 불러일으키는 경우가 자주 있다.

향초는 대체적으로 그 줄기나 꽃, 형태가 크지 않고 작다. 하지만 종족번식을 위해서는 벌과 나비를 유혹해야 하는데, 꽃이나 줄기가 작아 잘 보이지 않으므로 멀리서도 향을 충분히 느낄 수 있도록 매우 강한 방향성 물질을 지니고 있다. 이러한 향초의 특성을 요리와 고객의 관계에서도 적용하게 되는데, 요리가 완성된 후 한 줄기 또는 그 이상의 향초를 접시에 얹어 제공함으로써 고객은 요리를 먹기 이전에 후각으로 요리를 음미하고 다음으로 미각으로 음미하게 되므로, 하나의 요리로 가능한 고객의 전체 감각을 자극시키는 역할을 하게 된다. 그 이유로 가능한 고객의 전체 감각을 자극시키는 역할을 하게 되어, 중세에서는 허브가 마약이라 할 정도로 과대평가 되기도 하였다.

사실 향신료의 종류에는 어느 정도 약효도 있고 소독효과도 있으므로, 현재 한방용으로 사용되는 것이 매우 많다.

2. 향신료의 종류

(1) 바질Basil

민트과에 속하는 일년생 식물로, 원산지는 동아시아와 유럽이지만 우리나라에서도 재배가 가능하여 현재 많이 사용하고 있다. 특히 도마도요리에서 흔히 이용되는데, 이탈리아요리에서는 빼놓을 수 없는 향신료이며 샐러드의 드레싱, 생선요리, 수프에서 미식가의 입맛을 자극한다.

⑵ 월계수 잎Bay Leaf

일반적으로 상록관목수의 진녹색 잎을 말려서 사용하는데, 말리게 되면 연한 올리브녹색으로 변하게 된다. 원산지는 지중해 연안이고 특히 이탈리아에서 많이 생산되며 유고슬로바키아와 그리스, 터키를 중심으로 자생한다. 미국, 서구에서는 만병초라 부르는데, 이것은 서양에서 월계수 잎의 사용이 얼마나 광범위한지를 단적으로 보여주는 예라 할 수 있다.

육류 스튜, 소꼬리 수프, 소스, 청절임, 토마토 등 요리라면 거의 모든 록의 새싹이 올라온다. 그 맛에 어울릴 정도로 이름도 빠짐없이 곳곳에 쓰인다고 할 수 있는데, 특히 양고기의 냄새를 없애거나 갈비 절임에도 좋다. 사용 시 주의해야 할 점은 월계수 잎을 말리는 과정에서 많은 먼지가 표면에 묻어 있으므로 사용 전에 반드시 씻어 넣어야 한다.

⑶ 처빌Chervil

처빌의 사용은 현대에 와서 급증하는 추세를 보이고 있다. 그 이유는 국내에서 처빌의 생산이 수요를 감당할 만큼 늘었고, 그 맛이 순하여 동양인의 입맛에 잘 어울리기 때문이다. 원산지는 서아시아와 러시아로 알려지고 있지만, 유럽 농가에서는 마치 우리나라의 상치나 실파처럼 앞뜰에 심어놓고 자라는 대로 채취하여 식탁에 올리고 있다. 잎은 가냘프게 꼬부라져 있어 생선이나 수프의 가니쉬로 사용되기도 하고, 샐러드에 첨가하면 그 순한 맛이 샐러드의 품위를 한층 더 높여준다.

⑷ 레몬그라스Lemon Grass

마치 억새풀과 같은 다년생 초본으로, 레몬향과 비슷한 향을 지니고 있어 레몬풀이라 한다. 이 향기는 레몬과 같은 '시트랄Citral'로서 동남아시아에서는 이것을 넣고 끓여서 황금색이 나는 차를 일상생활에서 즐겨 마시고 있다. 이 외에도 그 향이 레몬에 가깝기 때문에 캔디나 향수 등 레몬 향처럼 쓰이는 약품이나 향료에 주로 쓰이고 있다. 현재 대량으로 생산되고 있는 나라로는 과테말라, 브라질, 마다가스카르 등이다.

⑸ 올리브Olive

지중해 연안국가들을 떠올릴 정도로 올리브는 지중해를 대표하는 것 중의 하나이다. 우리나라가 전통적으로 사용하는 기름이 참기름Sesame Oil이라면, 이탈리아나 스페인 등의 여러 국가들은 올리브유를 거의 모든 요리에 사용하고 있다. 올리브 기름은 단백하고 맛이 깊기 때문에 그대로 빵에 찍어

먹거나 샐러드에 소금과 함께 버무려 소스 등에 매우 다양하게 쓰인다. 특히 올리브 기름은 불포화성 지방이므로 성인병에 대한 두려움 없이 즐길 수 있다.

(6) 레몬밤Lemon Balm

지중해 연안과 남유럽이 원산지인 레몬밤은 그 향이 달고 진하여 많은 벌들이 몰려든다 하여 비밤Bee Balm이라는 애칭도 가지고 있다. 다년생 초본으로 40~60cm까지 자라며 잎과 줄기에 솜털이 나있다. 대부분의 향신료가 그렇듯이 레몬밤 역시 약초로 많이 쓰였다고 한다. 기원전 1세기에 기술된 의약서에는 독거미나 전갈 같은 도충에 물렸을 때 해독제로, 치통에 양치질 약으로, 관장제로, 관절염에 그 잎을 문지르면 아픔을 없앤다고 기술하고 있다. 그 향이 매우 깨끗하고 상큼하기 때문에 디저트요리에 많이 사용되지만 육류, 샐러드, 드레싱, 음료에까지 두루 사용되고 있다.

(7) 와사비Wasaby

전통적인 일본 향신료 중의 하나이다. 우리나라 사람들 중에 와사비를 모르는 사람은 별로 없을 것이다. 와사비의 뿌리를 갈아서 생선요리에 많이 사용하고 있는데, 주로 날것으로 먹을 때 톡 쏘는 맛과 함께 눈물이 날 정도로 매운맛을 지니고 있다. 우리나라의 고추가 은근하게 깊은 맛을 지녔다면, 와사비는 순간적인 매운맛을 가졌다고 할 수 있다. 말려서 가루 형태로 된 것은 물을 섞어 사용하고, 신선한 뿌리는 강판에 갈아서 사용한다.

(8) 물냉이Water Cress

유럽이 원산지이고, 그 생김새는 우리나라의 들과 밭에서 자생하는 냉이의 잎과 흡사하다. 개울이나 습기가 많은 곳에 집단으로 자생하기 때문에 영어로는 물잔디Water Cress라 한다. 매운 무와 같이 톡 쏘는 맛이 있으며 엔다이브, 레터스 등과 같이 샐러드를 만드는데 있어 매우 훌륭한 재료이다. 물냉이를 사용할 때는 억센 줄기부분을 떼어내고 끝부분만을 사용하며, 매운탕이나 국에 사용할 때는 고객에게 제공되기 바로 전에 넣어 향기로움과 색이 변하지 않도록 한다.

(9) 케이퍼Caper

프랑스, 스페인, 이탈리아, 몰타 등 지중해 및 인접 지역에서 자라고 있는 케이퍼 줄기에 달리는 꽃봉오리를 말한다. 그 모양은 미치 서이메리기 숲지대에 자라는 금송화와 미국의 금련화 봉오리와 비슷하게 생겼다. 품질은 크기에 따라서 분류되는데 최상, 중, 하로 구분하고, 꽃이 피기 전 작은 것을 최상으로 시작하여 크고 꽃이 필 무렵의 것을 하품으로 취급한다. 소금물에 절이기도 하고 식초에 담아 보관하기도 하는데, 소금물에 담아 보관하는 것은 사용 시에 한 번 정도 씻어주는 것이 좋다. 육류 스튜와 탈탈 스테이크, 샐러느, 소스, 청어절임 등 배우 나앙하세 쓰인다. 사용할 때 주의할 점은 요리가 완성된 상태에서 사용하며 첨가 후 익지 않도록 한다.

(10) 올스파이스All Spice

자메이카열대에서 자생하는 키 작은 상록수의 열매에서 추출된다. 서인도섬과 남아메리카, 멕시코 등지에서도 자생하는데 '피멘토Pimento', '피멘타Pimenta'라 불리면서 자메이카 후추로도 많이 알려져 있다. 붉기도 하고 검은 브라운색에서 노란색을 조금 띠기도 하는 이 열매는, 지름이 약 1/4인치 가량으로 검은 브라운색의 씨앗을 지니고 있다. 향은 클로브, 넛맥, 시나몬 등 다양한 향신료와 비슷한 향을 가지고 있으며, 이에 못지않게 쓰임새도 다양하여 소시지, 생선, 피클, 렐리시 디저트 등에 두루 사용된다.

(11) 아니스Anise

향신료 아니스를 야채 아니스나 스타 아니스와 혼동해서는 안 된다. 야채 아니스는 둥근 모양의 뿌리를 보고 식별이 가능하고, 스타 아니스는 중국의 목련과에 속하는 나무에서 생산된다. 허브 아니스는 원산지가 동양이지만 오랜 세월 멕시코, 스페인, 모로코 등 지중해 나라에서 생산되어 왔고 유고슬라비아나 터키에서도 생산되고 있다. 파슬리과에 속하는 이 식물은 오이풀과도 비슷하게 생겼고, 키는 18인치 가량 자라고 자그마한 잎과 하얀 꽃잎의 작은 꽃을 피운다. 씨는 주로 페이스트리, 쿠키, 캔디, 피클 등에 사용되고 말리지 않은 아니스 씨는 알코올음료인 리큐어 생산에 쓰이기도 한다.

(12) 클로브Cloves

인도네시아가 원산지인 열대목의 꽃을 개화되기 전에 수확하여 건조시킨 것으로, 향이 매우 강하다. 프랑스를 비롯하여 전 세계적으로 요리를 만들 때 없어서는 안 될 매우 중요한 향신료로 인식되어 왔고, 현재도 전 세계적으로 많이 사용되고 있다. 프랑스에서는 그 모양새가 뾰족하고 길이가 있는 관계로 불어로 'Clou' 즉 '못', '정'이라는 뜻을 지니고 있다. 수확기의 꽃봉오리가 연분홍색을 띠게 되는데, 이때 대나무 장대를 이용하여 따낸 다음 햇볕이나 불을 이용하여 건조시킨다. 완성된 클로브는 짙은 밤색을 띠게 된다.

(13) 커리Curry

인도가 주산지이나 현대에 와서는 인도네시아를 비롯하여 우리나라 등 동남아 전역에 두루 사용되고 있으며, 세계 전역으로 커리의 맛을 대중화하는 추세이다. 본래의 커리만을 사용한다기보다는 터메릭Turmeric, 커리앤더Coriander, 생강Ginger, 캐러웨이Caraway 등 여러 스파이스를 섞어 만들어내기 때문에 그 종류도 매우 다양하다. 커리의 맛은 생강과 고추의 함량에 따라 순한맛Mild, 중간맛Medium, 매운맛Fire 등으로 나뉠 수 있는데, 남인디아지방에서 생산되는 커리가 맵기로 유명하다. 커리가 노란색을 띠는 것은 터메릭의 함량에 따라 차이가 나는데, 터메릭의 양이 적으면 적을수록 노란색이 약해진다. 커리가 사용되는 요리는 수백 가지에 달하며, 우리나라에서도 익숙한 커리라이스, 커리치킨, 소스, 야채 잎 등이 있다.

(14) 딜Dill

유럽의 가정을 보면 창가나 정원의 한 구석에 적어도 한두 가지의 허브를 기르고 있는 것을 발견할 수 있는데, 그 중에서도 딜Dill은 어디서나 쉽게 볼 수 있는 허브 중의 하나이다. 원산지 역시 유럽으로 기후만 적당하면 어디서든 잘 자라는 생명력을 가지고 있다. 우리나라에서도 딜의 생산이 다른 허브와 비교하여 상대적으로 잘 자라기 때문에, 근래에 와서는 후레쉬 딜을 널리 사용하고 그 맛도 대중화되어가는 추세라 할 수 있다. 딜의 맛은 캐러웨이Caraway와 비슷하나 경험한 사람이면 대부분 구별이 가능하다. 딜은 후레쉬 딜Frech Dill, 말린 것은 딜 위드Dill Weed, 딜 씨드Dill Seed 등으로 구분한다. 딜의 사용은 연어찜, 절임연어, 피클, 샐러드, 사워클락, 수프, 소스 등 주로 가벼운 향을 원하는 요리에 적당하다.

(15) 차이브Chives

한국, 미국, 러시아, 일본, 유럽 등 전 세계적으로 요리에 이용되고 있는 파 계통의 식물로서 줄기가 매우 가늘고 끝이 뾰족하며 그 맛은 매우 순하다. 잎을 길이에 맞게 잘라서 요리의 가니쉬로 사용하면 요리의 시각적인 면에서 매우 클래식하게 보이고 깔끔한 효과를 연출할 수 있다. 샐러드에서 약간의 매운맛을 내기도 하고, 수프나 크림 타입의 치즈, 오믈렛에도 이용하면 아주 좋다.

(16) 계피Cinammon

동·서양을 막론하고 두루 사용되어 이미 세계적으로 대중화되어 있는 향료 중의 하나이다. 주요 생산지는 스리랑카와 미국, 중국 등이고, 생산되는 장소가 다른 만큼 그 명칭이나 품질에 있어서도 조금씩 차이가 있다. 그러나 계피나무의 껍질을 사용하는 것은 다를 바 없다. 푸빌은 그 두께가 얇고 향기가 좋은 것이 상품이고, 대부분은 중국의 카시아Casia 계피가 많이 이용되고 있지만, 근래에 와서는 베트남에서 생산되는 계피가 품질과 향 면에서 뛰어나 각광을 받고 있다. 가루계피는 페스츄리, 빵, 푸딩, 캔디 등에, 통계피는 과일조림, 피클, 수프 등에, 계피 오일은 향의 목적과 의학적인 목적으로 사용되기도 한다.

(17) 커리앤더Coriande

파슬리과에 속하는 식물로서 동양과 남프랑스 및 멕시코에서 발견되었다. '고수'라 불리고, 중국 파슬리라고도 한다. 광동식 요리를 즐기다보면 커리앤더향을 자주 접하게 되는데, 처음에는 낯설지라도 몇 번만 접하면 친숙해질 수 있는 향이다. 열매는 작은 후추만 하고 마치 모래알처럼 밖으로 튀어나와 있다. 향이 강하므로 사용 시 양을 적절히 조절해야 하고, 후레쉬로 사용할 경우 잎의 조직이 매우 연하여 물리적 방법을 너무 많이 가하면 맛이 변하는 경우가 있으므로 가능한 단순한 요리방법을 택하는 것이 좋다.

(18) 홀스레디쉬Horseradish

중앙 유럽과 아시아가 원산지인 겨자과의 이 식물은 톡 쏘는 맛이 일품이다. 현재 전유럽과 미국에서 많이 생산되고 있으며 갈황색 뿌리로 내부는 회색빛을 띤 흰색이다. 이 뿌리의 껍질을 벗겨 식초와 우유를 넣고 끓여 레몬주스, 사과즙 등을 첨가한다. 신선한 것은 강판에 갈아서 소스, 생선, 소고기 등에 사용하면 얼얼한 맛이 일품이다.

(19) 마조람Marjoram

감미로운 향과 그 잎의 매듭이 곱게 난 것이 상품으로 간주된다. 원산지는 지중해 지역이지만 영국, 독일, 프랑스, 체코슬로바키아 등 유럽 등지에 널리 분포되어 있다. 자그마한 크기에 오레가노와 비슷한 모양을 하고 있으나, 그것보다는 조금 더 세련된 잎과 연한 장미빛 꽃을 지니고 있다. 신선한 상태로 사용하기도 하지만, 말려서 사용할 때는 일반적으로 꽃이 핀 직후 수확하여 말린다.

우리나라의 허브 생산농장에서도 후레쉬 마조람을 생산하고 있지만, 말린 것의 경우 '마조람 잎', '그라운드 마조람Ground Marjoram' 등으로 수입되어 우리 주위에서 사용되고 있다. 감자수프, 거위요리, 오리간, 달팽이소스, 토끼요리 햄을 만들 때 등 매우 다양하게 쓰이고 있다.

(20) 민트Mint

우리나라 농가의 뜰에서도 흔히 볼 수 있는 허브의 한 종류이다. 시골에서는 약재로 많이 쓰이고 있지만, 우리나라 전통요리에 민트를 사용하는 경우는 거의 없다. 하지만 서양요리에 있어서는 매우 광범위하게 사용되고 있는 것이 바로 민트이기도 하다. 종류에 있어서도 매운맛을 내는 페퍼민트, 향을 내는 애플민트, 캣민트, 스페어민트 등 다양하고 모양새도 조금씩 다르다. 이 외에 알코올 음료, 캔디, 페이스트리뿐만 아니라 육류, 야채, 수프, 소스, 생선 등에 널리 이용되고 있다.

(21) 머스타드Mustard

우리가 쉽게 생각할 수 있는 겨자만을 이야기하는 것은 아니다. 머스타드는 온화한 기후와 열대 기후 어디서든 자생하는 생명력 덕분에 세계 곳곳에 광범위하게 퍼져 있다. 야채로 사용되는 머스타드 잎은 날것으로 먹기도 하고 열을 가하기도 한다. 하지만 더욱 다양하게 사용되고 있는 것은 머스타드 식물의 씨를 이용한 것이라 할 수 있겠다.

머스타드 씨는 밝은 밤색으로 갈아서 사용하는데, 흔히 양념으로 쓰인다. 차이니스와 잉글리쉬 머스타드는 입자가 매우 곱다. 이러한 양념을 가미한 머스타드를 만들 때는 터메릭Tumeric, 식초, 포도당, 소금 등을 넣어 순한 맛을 만들어낸다. 디존Dijion 머스타드의 경우 허브와 백포도주를 섞으면 톡 쏘는 맛이 나지만 끝맛은 부드러운 것이 특징이다. 이 외에도 홀스레디쉬를 섞거나 지방특색을 살린 독일식, 오스트리안식, 자메이칸식 등이 있다. 소스, 샐러드, 피클 등에 사용하고 육류와 곁들여 먹기도 한다.

(22) 넛맥Nutmeg

원산지는 향료의 섬이라 불리는 인도네시아의 몰루카섬Molucas Island이다. 물론 그 외에도 서인도제도 반다섬과 파퓨아, 브라질 등지에서도 생산되고 있다. 평균 10~12m 높이의 나무에 복숭아 같은 열매의 씨를 말려서 만드는데, 표면의 코팅된 껍질은 메이스Mace의 원료로 쓰인다. 향은 달콤하면서도 깊은 맛을 지니고 있으며, 크림푸딩, 아스픽, 수프, 치킨, 송아지, 사슴고기, 스튜 등에 사용된다.

(23) 오레가노Oregano

민트과에 속하며 매우 강한 향을 지닌 조그마한 식물로 멕시코, 이탈리아, 미국 등지에서 자생한다. 그 맛은 마조람과 비슷하지만 그것보다는 더욱 강한 것이 특징이다. 주로 멕시칸과 이탈리안요리에 흔히 사용되는데, 우리에게는 피자와 파스타의 향으로 친숙해져 있다. 물론 여기에 사용되는 오레가노는 건조시킨 잎이나 곱게 갈아서 만든 파우더 형식이 주를 이루고 있다. 하지만 최근에는 국내 생산이 가능하여 후레쉬 오레가노를 요리의 가니쉬, 드레싱소스에 이용한다. 특히 가금류나 육류의 로스팅에서 후레쉬 오레가노를 소금, 후추, 로즈마리 기름과 함께 사용하면 그 향의 진가를 발휘할 수 있다.

(24) 파프리카Paprika

스페인, 헝가리, 남프랑스, 이탈리아, 유고가 원산지로서 우리나라의 고추와 비슷하지만, 맛에서는 많은 차이가 난다. 스페인산 파프리카는 단맛을 지니고 있으며 비교적 순한 맛을 내는 반면, 헝가리산 파프리카는 매운맛을 내며 검붉은 색이 특징이다. 우리나라의 고추가 결코 매운맛만을 내표하지 않듯이, 파프리카 역시 중후하면서도 그들 나름대로의 미세하고 깊은 맛을 지니고 있다. 샐러드나 피클을 만들어 먹을 수도 있고, 색을 내기 위한 목적으로도 사용하며 생선요리, 스튜, 카나페 등 다른 응용요리에도 많이 이용된다.

(25) 파슬리Parsley

우리나라에서 서양요리를 하는 사람 중 파슬리를 모르는 사람은 거의 없을 정도로 많이 쓰이고 있다. 이렇게 많이 사용되는 이유는 정확히 알 수 없지만, 아마도 파슬리의 번식력이 다른 허브에 비해 월등하여 생산량이 많고 꽃봉오리 같은 모양의 잎이 한국인의 정서에 쉽게 접근했으리라 본다. 파슬리는 말릴 경우 그 아름다운 색이 변하기 때문에 신선한 그대로 사용하는 것이 가장 좋다. 사용하는 방법은 모양 그대로 가니쉬로 쓰거나 잎을 뜯어서 샐러드로, 다져서 소스와 드레싱에, 주스를 내어서 소스 및 색을 내기 위한 목적 등 요리하는 사람의 개성에 따라서 매우 다양하게 쓸 수 있다. 특히 파슬리는 잎과 꽃술에 있는 독특한 휘발성 방향 성분을 지니고 있으며 비타민 A를 다량 함유하고 있고 소화효소가 있어 건강식으로도 잠재성을 확보하고 있다.

(26) 후추Pepper

우리의 식생활과 친숙해진 것은 몇 십년 전에 불과하나, 후추만큼 많이 쓰이고 널리 알려져 있는 향신료도 없을 것이다. 중세기에 후추의 가격은 금값과 비교될 만큼 비싸서 일반인들에게는 신비의 약초로 알려져 있었다. 후추가 이렇게 비싼 이유는 그 맛에 있는 것이 아니라, 당시의 교역 상황이 어려워 희귀성 때문이다.

후추는 검은 것과 흰 것이 있는데, 검은 것이 일반적으로 더 맵고 톡 쏘는 맛이 강하다. 검은 후추는 주로 동남아시아의 말라바르해협, 보르네오, 자바, 수마트라가 원산지이고 피페르 니그름The Piper Nigrum이라는 넝쿨에서 완전히 익기 전의 열매를 수확하여 햇볕에 말린 것이다. 완전히 익었을 때는 붉은색으로 변하는데, 이것으로 핑크 페퍼 콘Pink Pepper Corn을 만든다. 흰 것은 말라바르해협Malabar Coast에서 생산되는 것이 최상의 품질로 알려져 있다. 후추는 가루를 내어 쓰기도 하고, 통채로 요리에 넣기도 한다.

(27) 양귀비 씨Poppy Seed

양귀비를 이야기하면 우선 아편이 생각나겠지만, 요리를 하는 사람들이라면 까만 모래알 같은 양귀비 씨를 먼저 떠올릴 것이다. 원산지는 극동아시아와 네덜란드로서 약 150cm 정도로 자란다. 양귀비 씨를 얻기 위해서는 완전히 여물 때까지 기다려 표피 속에 들어있는 씨를 채취한다. 이 씨 속에는 기름이 함유되어 있는데, 박하와 비슷한 향을 가지고 있다. 미성숙한 양귀비의 씨방 속에는 우유와 같은 흰 액즙이 들어 있는데, 이것이 바로 아편의 원료로 사용된다. 이러한 양귀비 씨는 우리나라에서는 재배가 금지되어 있다. 양귀비 씨는 빵, 케이크, 쿠키, 주로 페이스트리에서 많이 사용하고 샐러드의 가니쉬, 소스의 향을 돋워주는 데도 쓰인다.

(28) 로즈마리Rosemary

은록색의 로즈마리 잎을 요리가 완성된 후 접시의 한쪽 옆에 살짝 놓으면 마치 용을 그린 후 붓으로 눈을 완성시키는 느낌이 든다. 그 다음 후드커버Food Cover를 씌운 후 고객 앞에서 커버를 벗겨내면 그 향에 취한 고객은 요리를 먹기 전에 이미 요리에 대한 평가를 내릴 것이다. 보라색 꽃을 피우며 지중해 연안에서 자생하는 잡목의 일종으로 그 잎을 그대로 또는 말려서, 말린 것을 갈아서 특히 양고기와 돼지고기를 굽거나 조리는 데에 많이 쓰인다.

(29) 샤프론Saffron

붓꽃의 일종으로 아시아가 원산지이나 스페인, 프랑스, 이탈리아, 남아프리카에서도 자라고 있다. 초가을에 가장 먼저 피어나는 꽃 중에 붉은 부분만을 골라 생산되는데, 그 맛은 씁쓸하면서 약간의 단맛을 지니고 있다. 하지만 샤프론을 사용하는 주요 목적은 색을 내기 위해서이다. 밝고 투명한 노란색의 샤프론이 첨가된 요리는 시각적인 면에서 요리의 한 가지 측면을 충족시킨다. 샤프론의 사용은 소스, 수프, 생선, 쌀감자, 페이스트리에서 아름다운 색상을 선사한다. 한 가지 흠이 있다면 희소성과 공정상의 문제로 가격 면에서 매우 비싼 향신료 중의 하나이다.

(30) 세이지Sage

우리나라의 전통적인 가옥 앞뜰에는 작약, 목단 등이 아름답게 피어 있는 것을 발견하는데, 그것은 필요할 때 약초로 이용하기 위함이었다. 세이지 역시 유럽이나 영국, 미국 등 가정의 정원에서 아름다운 푸른 꽃도 피우고 향기를 발산하기도 한다. 그러다가 어느 틈엔가 식탁 위에서 쌉쌀한 맛으로 맞이한다. 때로는 시장에서 세이지를 줄기째 파는 것을 볼 수 있는데, 세이즈는 잎만을 사용한다. 잎을 따서 말리기도 하고, 신선한 상태로 가금류나 육류의 속을 채워 로스트, 스튜를 할 때 많이 쓰인다.

(31) 타라곤Tarragon

다년생 허브로서 유럽이 원산지이고, 러시아나 몽골에서는 화초로 많이 키우고 있다. 길면서 얇은 잎은 올리브그린색을 지니며 자그마한 단추 같은 꽃봉오리를 피운다. 타라곤은 말릴 경우 향이 줄어들기 때문에 신선한 상태로 사용하는 것이 최선의 방법이나, 보관을 하기 위해 말리기도 하고 식초나 오일에 절여두었다가 그 식초와 오일을 사용하기도 한다. 신선한 잎을 따서 샐러드나 피클, 수프에 넣으면 은근한 향을 낸다.

(32) 다임Thyme

다임은 전통적인 지중해 허브의 하나이지만, 현재는 유럽 각국과 영국, 미국 할 것 없이 넓게 분포되어 있다. 땅에 낮게 깔려가며 자라는 이 허브는 잎이 말려 올라가듯 조밀하게 깊이 붙어 있다. 주로 로스트, 소스, 수프 할 것 없이 두루 사용된다.

(33) 터메릭Turmeric

생강과에 속하는 식물로 동아시아에서 많이 생산된다. 향은 순한 단맛을 지니고 있고 그 뿌리는 노란색을 띠는데, 커리와 머스터드의 주원료 중 하나로 쓰인다. 색상이 곱기 때문에 인도에서는 노란색을 내는 염료도 쓰이고 있고, 영국이나 스웨덴에서는 터메릭을 수입하여 소스를 만드는데 많이 사용하고 있다.

3. 향신료 다발과 부케가르니

향신료 다발과 부케가르니는 스톡Stock이나 소스Sauce, 수프Soup, 스튜Stew 등과 같은 조리를 할 때 향과 맛, 풍미를 더해주기 때문에 대중적으로 사용하고 있다. 향신료 다발은 묶을 수 없어서 작은 입자를 가진 재료들을 소창이나 천을 사용하여 마치 복주머니처럼 묶어 조리에 사용한다. 부케가르니는 선택된 허브들을 굵은 실로 묶어 조리 시에 첨가하는데 셀러리, 릭, 파슬리 줄기, 월계수 잎, 다임 등을 묶을 수 있는 재료들로 자주 사용한다. 부케가르니를 만들 때는 작은 것은 안쪽으로, 큰 것은 바깥쪽으로 하여 작은 것이 조리 시에 흘러나오지 않도록 만든다.

이 두 가지 모두 조리 시에 풀어지지 않도록 단단하게 묶어주고, 묶은 실 한 쪽을 길게 하여 조리기구 한 쪽에 고정시킬 수 있도록 한다.

CHAPTER 6 NCS 학습모듈

1. 국가직무능력표준NCS의 개요

국가직무능력표준NCS, National Competency Standards은 산업현장에서 직무를 수행하기 위해 요구되는 지식·기술·태도 등의 내용을 국가가 체계화한 것을 의미한다.

2. NCS 학습모듈

1) 직무 정의

양식조리는 서양식 음식을 조리사가 메뉴를 계획하고 식재료를 구매, 관리, 손질하여 정해진 조리법에 의해 조리하며 식품위생과 조리기구, 조리시설을 관리하는 일이다.

2) 능력단위별 능력단위 요소

분류번호	능력단위(수준)	능력단위 요소
1301010216_16v3	양식 기초 조리실무(2)	기본 칼기술 습득하기
		기본기능 습득하기
		기본 조리방법 습득하기
1301010202_16v3	양식 스톡조리(2)	스톡재료 준비하기
		스톡 조리하기
		스톡 완성하기
1301010203_16v3	양식 소스조리(4)	소스재료 준비하기
		소스 조리하기
		소스 완성하기
1301010204_16v3	양식 수프조리(4)	수프재료 준비하기
		수프 조리하기
		수프요리 완성하기

분류번호	능력단위(수준)	능력단위 요소
1301010205_16v3	양식 전채조리(2)	전채재료 준비하기
		전채 조리하기
		전채요리 완성하기
1301010217_16v3	양식 샌드위치조리(2)	샌드위치재료 준비하기
		샌드위치 조리하기
		샌드위치 완성하기
1301010206_16v3	양식 샐러드조리(2)	샐러드재료 준비하기
		샐러드 조리하기
		샐러드요리 완성하기
1301010207_16v3	양식 어패류조리(4)	어패류재료 준비하기
		어패류 조리하기
		어패류요리 완성하기
1301010208_16v3	양식 육류조리(4)	육류재료 준비하기
		육류 조리하기
		육류요리 완성하기
1301010209_16v3	양식 파스타조리(4)	파스타재료 준비하기
		파스타 조리하기
		파스타요리 완성하기
1301010210_16v3	양식 조식조리(2)	달걀요리 조리하기
		조찬용 빵류 조리하기
		시리얼류 조리하기

3. 능력단위별 세부내용

1) 양식 기초 조리실무

- 분류번호 : 1301010216_16v3
- 능력단위 명칭 : 양식 기초 조리실무
- 능력단위 정의 : 양식 기초 조리실무는 기본 칼 기술, 주방에서 업무수행에 필요한 조리기본 기능, 기본 조리방법을 습득하고 활용할 수 있는 능력이다.

능력단위 요소	수 행 준 거
1301010216_16v3.1 기본 칼 기술 습득하기	1.1 칼의 종류와 사용용도를 이해할 수 있다. 1.2 기본 썰기방법을 습득할 수 있다. 1.3 조리목적에 맞게 식재료를 썰 수 있다. 1.4 칼을 연마하고 관리할 수 있다.

능력단위 요소	수 행 준 거
	【지 식】 o 칼의 종류와 사용용도 o 칼을 숫돌을 이용해 연마하는 방법 o 조리방법과 썰기 방법 o 다양한 모양의 썰기 용어 o 칼 보관 방법 【기 술】 o 칼을 숫돌과 스테인리스 스틸을 이용해 칼날을 세우는 능력 o 칼의 활용, 관리, 보관 능력 o 칼을 사용하여 다양한 크기, 두께, 굵기, 모양으로 써는 능력 o 다양한 종류의 칼을 사용할 수 있는 능력 【태 도】 o 메모태도 o 문제해결 o 안전복장 o 의사소통 o 관찰태도 o 반복훈련 o 안전시항 준수 o 위생관리
1301010216_16v3.2 기본 기능 습득하기	2.1 조리기물의 종류 및 용도에 대하여 이해하고 습득할 수 있다. 2.2 조리에 필요한 조리도구를 사용하고 종류별 특성에 맞게 적용할 수 있다. 2.3 계량법을 이해하고 활용할 수 있다. 2.4 채소에 대하여 전처리 방법(Trimming Food Materials)을 이해하고 처리할 수 있다. 2.5 어패류에 대하여 전처리 방법(Trimming Food Materials)을 이해하고 처리할 수 있다. 2.6 육류에 대하여 전처리 방법(Trimming Food Materials)을 이해하고 처리할 수 있다. 2.7 양식조리의 요리별 스톡 및 소스를 용도에 맞게 만들 수 있다. 2.8 양식 조리작업에 사용한 조리도구와 주방을 정리정돈 할 수 있다. 【지 식】 o 계량법 o 기본 스톡, 소스 종류 o 도구사용법 o 조리기물의 종류와 명칭, 특징, 용도 o 조리방법과 썰기방법 o 식재료관리 o 조리원리 【기 술】 o 조리기물마다 필요한 조리 능력 o 적합한 주방도구 활용, 관리, 보관 능력 o 조리방법과 재료손질 능력 o 계량 능력 o 채소 전처리 능력 o 어패류 전처리 능력 o 육류 전처리 능력

능력단위 요소	수 행 준 기
	【태 도】 o 메모태도 o 문제해결 o 안전복장 o 의사소통 o 관찰태도 o 반복훈련 o 안전사항 준수 o 위생관리
1301010216_16v3.3 기본 조리방법 습득하기	3.1 서양요리의 기본 조리방법의 종류와 조리과학을 이해할 수 있다. 3.2 식재료 종류에 맞는 건열조리(Dry Heat Cooking)를 할 수 있다. 3.3 식재료 종류에 맞는 습열조리(Moist Heat Cooking)를 할 수 있다. 3.4 식재료 종류에 맞는 복합조리(Combination Heat Cooking)를 할 수 있다. 3.5 식재료 종류에 맞는 비가열조리(No Heat Cooking)를 할 수 있다.
	【지 식】 o 기본 조리방법의 종류와 조리방법 o 건열조리(Dry Heat Cooking) o 습열조리(Moist Heat Cooking) o 복합조리(Combination Heat Cooking) o 비가열조리(No Heat Cooking) o 조리기구의 종류와 명칭, 특징, 용도 o 조리원리 【기 술】 o 레시피에 의한 조리능력 o 적합한 주방도구 활용, 관리, 보관 능력 o 조리방법에 따른 장비 활용 능력 o 주방장비 청소 및 보관 능력 o 주방 정리 및 청소 능력 o 맛을 내는 능력 【태 도】 o 메모태도 o 문제해결 o 안전복장 o 조리방법을 연구하는 태도 o 위생적 조리태도 o 반복훈련 o 안전사항 준수 o 위생관리기준 준수 o 안전사항 준수 o 위생관리

적용범위 및 작업상항

(1) 고려사항

- 양식 기초 조리실무 능력단위는 다음 범위가 포함된다.
  - 칼에 대한 기본 지식과 활용기술
  - 주방 조리기물과 도구의 종류와 활용기술
  - 식재료 전처리기술Trimming Food Materials
  - 기본 조리방법에 대한 지식과 활 기술
  - 서양조리 용어의 이해
  - 계량법

- 기본 기능 익히기 썰기
  - 콩카세Concasse : 0.5㎝의 육면으로 잘게 써는 것(0.5㎝×0.5㎝×0.5㎝)
  - 비시Vichy : 0.7㎝ 정도 두께로 둥글게 썰어 가장자리를 비행접시 모양으로 둥글게 도려낸 모양
  - 다이스Dice : 채소나 요리재료를 주사위 모양으로 써는 법
  - 민스Mince : 1㎜ 정도로 곱게 다지는 것
  - 바토네Batonnet : 굵은 채 썰기(4㎝×0.4㎝×0.4㎝)
  - 파리지엔느Parisienne : 둥근 구슬같이 써는 것으로 스쿠프Scoop를 이용한다.
  - 페이젠느Paysanne : 얇은 정사각형으로 써는 것(0.6㎝×0.6㎝×1.2㎝)
  - 샤토Chateau : 가운데가 굵고 양쪽 끝이 가늘게 5cm 정도의 길이로 깎는 법
  - 쉬포나드Chiffonade : 가는 실처럼 가늘게 써는 법
  - 아세Hacher : 잘게 다지는 법
  - 에멩세Emincer : 2~3㎜로 얇게 저미는 것
  - 올리벳트Olivette : 올리브 모양으로 써는 방법으로 '썬다' 보다 '깎는다'가 어울린다.
  - 쥘리엔Julienne : 가늘고 길게 써는 것(7㎝×0.2㎝×0.2㎝)
  - 큐브Cube : 주사위형으로 써는 것(1.5㎝×1.5㎝×1.5㎝)
  - 퐁뇌프Pont-Neuf : 가로·세로 6㎜ 정도 크기, 길이 6㎝로 길게 썬 것

- 기본 조리방법
  - 건열조리Dry Heat Cooking : 열원을 사용하는 것을 바탕으로 기름을 사용하는 방법과, 기름을 사

용하지 않고 조리하는 조리방법이 있다.

- 습열조리Moist Heat Cooking : 물을 가열하여 조리하는 방법이다.
- 복합조리Combination Heat Cooking : 건열조리 방법과 습열조리 방법을 혼합하여 조리하는 방법이다.
- 비가열조리No Heat Cooking : 열원을 사용하지 않고 식재료를 세척 후 다양한 형태와 모양으로 조리하는 방법이다.

(2) 평가 시 고려사항

- 수행준거에 제시되어 있는 내용을 성공적으로 수행할 수 있는지를 평가해야 한다.
- 평가자는 다음 사항을 평가할 수 있다.
  - 조리복 착용 및 개인위생 준수 능력
  - 조리 후 정리정돈 능력
  - 조리작업에 필요한 안전관리를 적용할 수 있는 능력
  - 칼을 숫돌을 활용하여 칼날을 세우는 능력
  - 칼을 활용하여 채소류, 어패류, 육류를 전처리 하는 능력
  - 다양한 조리법을 활용하여 조리하는 능력
  - 조리도구를 용도에 맞게 활용하는 능력
  - 칼을 활용하여 야채를 종류별로 썰 수 있는 능력
  - 조리작업에 적합한 주방도구를 선택하여 사용하고, 조리 후 청소하여 안전하게 보관 관리할 수 있는 능력
  - 조리작업에 필요한 기초 조리기술을 적용할 수 있는 능력

실무평가

평가영역		평 가 문 항	매우 미흡	미흡	보통	우수	매우 우수
양식 기초 조리 실무	기본 칼 기술 습득하기	· 칼의 종류와 사용용도를 이해한다.	①	②	③	④	⑤
		· 칼을 숫돌과 스테인리스 스틸을 이용해 칼날을 세울 수 있다.	①	②	③	④	⑤
		· 식자재의 종류에 따라 칼을 선택하여 사용할 수 있다.	①	②	③	④	⑤
		· 칼을 정확하게 쥐고서 다양한 식자재를 썰 수 있다.	①	②	③	④	⑤
		· 칼의 종류에 따라 써는 방법과 모양을 선택하여 썰 수 있다.	①	②	③	④	⑤
		· 요리와 조리법에 따라 재료의 크기, 두께, 굵기를 일정하게 썰 수 있다.	①	②	③	④	⑤
		· 양식 조리작업에 사용한 칼을 칼집에 넣어 일정한 장소에 정리정돈 할 수 있다.	①	②	③	④	⑤

평가영역		평 가 문 항	매우 미흡	미흡	보통	우수	매우 우수
양식 기초 조리 실무	기본 기능 습득하기	· 조리기물의 종류 및 용도에 대하여 이해하고 습득할 수 있다.	①	②	③	④	⑤
		· 조리에 필요한 조리도구를 사용하고 종류별 특성에 맞게 적용할 수 있다.	①	②	③	④	⑤
		· 계량법을 이해하고 활용할 수 있다.	①	②	③	④	⑤
		· 채소에 대하여 전처리 방법(Trimming Food Materials)을 이해하고 처리할 수 있다.	①	②	③	④	⑤
		· 어패류에 대하여 전처리 방법(Trimming Food Materials)을 이해하고 처리할 수 있다.	①	②	③	④	⑤
		· 육류에 대하여 전처리 방법(Trimming Food Materials)을 이해하고 처리할 수 있다.	①	②	③	④	⑤
		· 양식조리의 요리별 스톡 및 소스를 용도에 맞게 만들 수 있다.	①	②	③	④	⑤
		· 양식 조리작업에 사용한 조리도구와 주방을 정리정돈 할 수 있다.	①	②	③	④	⑤
	기본 조리방법 습득하기	· 서양요리의 기본 조리방법의 종류와 조리방법을 이해한다.	①	②	③	④	⑤
		· 식재료 종류에 맞는 건열조리(Dry Heat Cooking)를 할 수 있다.	①	②	③	④	⑤
		· 식재료 종류에 맞는 습열조리(Moist Heat Cooking)를 할 수 있다.	①	②	③	④	⑤
		· 식재료 종류에 맞는 복합조리(Combination Heat Cooking)를 할 수 있다.	①	②	③	④	⑤
		· 식재료 종류에 맞는 비가열조리(No Heat Cooking)를 할 수 있다.	①	②	③	④	⑤

2) 양식 스톡조리

- 분류번호 : 1301010202_16v3
- 능력단위 명칭 : 양식 스톡조리
- 능력단위 정의 : 양식 스톡조리는 육류, 어패류, 채소류 등을 활용하여 조리에 사용되는 육수를 조리하는 능력이다.

능력단위 요소	수 행 준 거
1301010202_14v2.1 스톡재료 준비하기	1.1 조리에 필요한 부케가르니(Bouquet Garni)를 준비할 수 있다. 1.2 스톡의 종류에 따라 미르포아(Mirepoix)를 준비할 수 있다. 1.3 육류, 어패류의 뼈를 찬물에 담가 핏물을 제거할 수 있다. 1.4 브라운스톡은 조리에 필요한 뼈와 부속물을 오븐에 구워서 준비할 수 있다. 【지 식】 ㅇ 스톡의 종류와 조리법 ㅇ 용도별 칼, 도마 사용법 ㅇ 육류, 어패류의 주재료 특성과 용도 ㅇ 채소의 종류와 특성

능력단위 요소	수 행 준 거
	【기 술】 ○ 냉장·냉동고 관리 능력 ○ 메뉴의 특징에 맞는 재료 손질 능력 ○ 미르포아를 만들 수 있는 능력 ○ 부케가르니를 만들 수 있는 능력 ○ 스토브 조작 능력 ○ 오븐 조작 능력 ○ 육류, 어패류 뼈, 부속물 손질 능력 【태 도】 ○ 반복훈련 ○ 안전사항 준수 ○ 위생사항 준수 ○ 인내력 ○ 정확성 ○ 조리기기 상태 관찰 ○ 준비상태를 확인
1301010202_14v2.2 스톡 조리하기	2.1 찬물에 재료를 넣고 서서히 끓일 수 있다. 2.2 끓이는 과정에서 불순물이나 기름이 위로 떠오르면 걷어낼 수 있다. 2.3 적절한 시간에 미르포아와 향신료를 첨가할 수 있다. 2.4 지정된 맛, 향, 농도, 색이 될 때까지 조리할 수 있다.
	【지 식】 ○ 스키밍(Skimming) 방법 ○ 스톡의 맛, 향, 농도, 색의 특징 ○ 스톡의 종류에 따른 조리법 ○ 주재료와 어울리는 채소 선택법 ○ 향신료 사용법 【기 술】 ○ 적정한 상태로 구울 수 있는 능력 ○ 가스레인지 사용과 화력조작 능력 ○ 냉장·냉동고 관리 능력 ○ 부케가르니, 미르포아 투입시점과 방법에 대한 능력 ○ 오븐 사용과 화력조절 능력 ○ 용도에 맞는 조리방법 적용 능력 ○ 원하는 맛, 향, 농도, 색으로 만들 수 있는 능력 ○ 주재료에 따른 조리온도와 시간조절 능력 【태 도】 ○ 반복훈련 ○ 안전사항 준수 ○ 위생사항 준수 ○ 인내력 ○ 정확성 ○ 조리기기 상태 관찰 ○ 준비상태 확인

능력단위 요소	수 행 준 거
1301010202_14v2.3 스톡 완성하기	3.1 조리된 스톡을 불순물이 섞이지 않게 걸러낼 수 있다. 3.2 마무리된 스톡의 색·맛·투명감·풍미·온도를 통해 스톡의 품질을 평가할 수 있다. 3.3 스톡을 사용용도에 맞추어 풍미와 질감을 갖도록 완성할 수 있다.
	【지 식】 ㅇ 스톡의 사용 용도 ㅇ 종류에 따른 질감, 향미, 색채의 특징 【기 술】 ㅇ 냉장·냉동고 관리 능력 ㅇ 원하는 온도로 보관 사용하는 능력 ㅇ 적정한 상태와 양으로 스톡을 걸러내는 정제 능력 ㅇ 질감, 향미, 색채와 조화를 고려한 제공 능력 【태 도】 ㅇ 반복훈련 ㅇ 안전사항 준수 ㅇ 위생사항 준수 ㅇ 인내력 ㅇ 정확성 ㅇ 조리기기 상태 관찰 ㅇ 준비상태 확인

적용범위 및 작업상황

(1) 고려사항

- 이 능력단위가 다루는 요리의 범위에는 다음이 포함된다.
  - 화이트스톡White Stock
  - 브라운스톡Brown Stock
  - 퓌메Fumet
  - 부용Bouillon
  - 브라운스톡은 뼈를 오븐에 구울 때 재료의 양과 상태에 따라 차이가 있으며 200℃에서 1시간 정도 구워서 준비한다.(미국조리학교 CIA 기준)
  - 와인은 스톡용 뼈에 있는 맛난 성분을 추출하는데 사용한다.

● 조리용어
- 부케가르니Bouquet Garni : 양파에 월계수잎, 통후추, 클로브, 타임, 파슬리줄기와 같은 것을 사용하여 만든 향초다발이다.
- 미르포아Mirepoix : 스톡의 맛을 돋우기 위해 네모나게 썬 양파, 샐러리, 당근이다.
- 스키밍Skimming : 액체 위에 뜬 기름이나 찌꺼기를 걸러낸다.

● 이 능력단위는 더운요리 부문에 해당한다.

(2) 평가 시 고려사항
● 수행준거에 제시되어 있는 내용을 성공적으로 수행할 수 있는지를 평가해야 한다.
● 평가자는 다음 사항을 평가할 수 있다.
- 조리복, 조리모, 조리안전화 착용 및 개인위생 준수능력
- 위생적인 조리과정
- 조리 후 정리정돈 능력
- 조리작업에 필요한 안전관리를 적용할 수 있는 능력
- 용도에 맞는 조리방법을 적용할 수 있는 능력
- 오븐에서 뼈를 로스팅Roasting 할 수 있는 능력
- 화력을 조절하며 스톡Stock을 조리할 수 있는 능력
- 지정된 맛 · 향 · 농도 · 색을 낼 수 있는 능력
- 스톡을 맑고 투명하게 거를 수 있는 능력
- 관능검사를 통한 스톡의 품질을 평가할 수 있는 능력
- 질감 · 향미 · 색채와 조화를 고려하여 제공할 수 있는 능력
- 원하는 상태로 적정하게 조리된 스톡의 양을 생산해 낼 수 있는 능력

실무평가

평가영역		평 가 문 항	매우 미흡	미흡	보통	우수	매우 우수
양식 스톡 조리	스톡재료 준비하기	· 조리에 필요한 부케가르니(Bouquet Garni)를 준비할 수 있다.	①	②	③	④	⑤
		· 스톡의 종류에 따라 미르포아(Mirepoix)를 준비할 수 있다.	①	②	③	④	⑤
		· 육류, 어패류의 뼈를 찬물에 담가 핏물을 제거할 수 있다.	①	②	③	④	⑤
		· 브라운스톡은 조리에 필요한 뼈와 부속물을 오븐에 구워서 준비할 수 있다.	①	②	③	④	⑤
	스톡 조리하기	· 찬물에 재료를 넣고 서서히 끓일 수 있다.	①	②	③	④	⑤
		· 끓이는 과정에서 불순물이나 기름이 위로 떠오르면 걷어낼 수 있다.	①	②	③	④	⑤
		· 적절한 시간에 미르포아와 향신료를 첨가할 수 있다.	①	②	③	④	⑤
		· 지정된 맛, 향, 농도, 색이 될 때까지 조리할 수 있다.	①	②	③	④	⑤
	스톡 완성하기	· 조리된 스톡을 불순물이 섞이지 않게 걸러낼 수 있다.	①	②	③	④	⑤
		· 마무리된 스톡의 색·맛·투명감·풍미·온도를 통해 스톡의 품질을 평가할 수 있다.	①	②	③	④	⑤
		· 스톡은 사용용도에 맞추어 풍미와 질감을 갖도록 완성할 수 있다.	①	②	③	④	⑤

3) 양식 소스조리

- 분류번호 : 1301010203_16v3
- 능력단위 명칭 : 양식 소스조리
- 능력단위 정의 : 양식 소스조리는 육류, 어패류, 채소류, 스톡류 등을 활용하여 조리에 사용되는 소스를 조리하는 능력이다.

능력단위 요소	수 행 준 거
1301010203_14v2.1 소스재료 준비하기	1.1 조리에 필요한 부케가르니(Bouquet Garni)를 준비할 수 있다. 1.2 미르포아(Mirepoix)를 준비할 수 있다. 1.3 루(Roux)는 버터와 밀가루를 동량으로 사용하여 만들 수 있다. 1.4 소스에 필요한 스톡을 준비할 수 있다. 1.5 소스조리에 필요한 주방도구(Kitchen Utensil)를 준비할 수 있다.
	【지 식】 ○ 농후제의 종류와 특성 ○ 소스의 종류와 조리법 ○ 스톡의 종류와 특성 ○ 육류, 어패류의 주재료 특성과 용도 ○ 주재료 용도별 칼, 도마 사용법 ○ 채소의 종류와 특성 ○ 향신료의 종류와 특성, 용도

능력단위 요소	수 행 준 거
	【기 술】 o 냉장·냉동고 관리 능력 o 미르포아를 만들 수 있는 능력 o 부케가르니를 만들 수 있는 능력 o 스토브 조작 능력 o 오븐 조작 능력 o 원하는 농후제를 만드는 능력 o 육류, 어패류, 채소 스톡을 선택하는 능력 【태 도】 o 반복훈련 o 안전사항 준수 o 위생사항 준수 o 인내력 o 정확성 o 조리기기 상태 관찰 o 준비상태 확인
1301010203_14v2.2 소스 조리하기	2.1 미르포아(Mirepoix)를 볶은 다음 찬 스톡을 넣고 서서히 끓일 수 있다. 2.2 소스의 용도에 맞게 농후제를 사용할 수 있다. 2.3 소스를 끓이는 과정에서 불순물이나 기름이 위로 떠오르면 걷어낼 수 있다. 2.4 적절한 시간에 향신료를 첨가할 수 있다. 2.5 원하는 소스의 지정된 맛, 향, 농도, 색이 될 때까지 조리할 수 있다. 2.6 소스를 걸러내어 정제할 수 있다. 【지 식】 o 농후제의 종류와 특성 o 소스의 종류와 조리법 o 스톡의 종류와 특성 o 육류, 어패류의 주재료 특성과 용도 o 주재료 용도별 칼, 도마 사용법 o 채소의 종류와 특성 o 향신료의 종류와 특성, 용도 【기 술】 o 냉장·냉동고 관리 능력 o 부케가르니 투입시점과 방법에 대한 능력 o 소스 특성에 맞는 농후제 선택, 사용 능력 o 스토브 화력 조작과 시간조절 능력 o 원하는 소스의 맛, 향, 농도, 색으로 만들 수 있는 능력 o 적정한 상태로 볶는 능력 o 적정한 상태로 소스를 걸러내는 정제 능력 【태 도】 o 반복훈련 o 안전사항 준수 o 위생사항 준수 o 인내력 o 정확성 o 조리기기 상태 관찰 o 준비상태 확인

능력단위 요소	수 행 준 거
1301010203_14v2.3 소스 완성하기	3.1 소스의 품질이 떨어지지 않도록 적정온도를 유지할 수 있다. 3.2 소스에 표막이 생성되는 것을 막도록 버터나 정제된 버터로 표면을 덮어 마무리할 수 있다. 3.3 마무리된 소스의 색깔과 맛, 투명감, 풍미, 온도를 통해 소스의 품질을 평가할 수 있다. 3.4 요구되는 양에 맞추어 소스를 제공할 수 있다.
	【지 식】 ㅇ 소스 종류에 따른 좋은 품질 선별법 ㅇ 소스를 용도에 맞게 제공하는 방법 ㅇ 스톡 종류에 따른 질감, 향미, 색채의 특징 ㅇ 완성된 소스를 요리와 어울리게 담는 푸드스타일 방법 【기 술】 ㅇ 냉장·냉동고 관리 능력 ㅇ 색, 맛, 투명감을 평가할 수 있는 능력 ㅇ 소스의 표면이 마르지 않게 보관하는 능력 ㅇ 적정한 상태로 소스를 걸러내는 정제 능력 ㅇ 질감, 향미, 색채, 온도의 조화를 고려한 제공 능력 【태 도】 ㅇ 반복훈련 ㅇ 안전사항 준수 ㅇ 위생시항 준수 ㅇ 인내력 ㅇ 정확성 ㅇ 조리기기 상태 관찰 ㅇ 준비상태 확인

적용범위 및 작업상황

(1) 고려사항

- 이 능력단위가 다루는 요리의 범위에는 다음이 포함된다.
  - 5모체 소스5 Mother Sauce와 파생소스

    5모체 소스 : 에스파뇰소스Espagnol Sauce, 벨루테소스Veloute Sauce, 베사멜소스Bechamel Sauce, 도마토소스Tomato Sauce, 홀렌다이즈소스Hollandaise Sauce
  - 퓌레소스와 파생소스
  - 버터소스와 파생소스

    소스 평가 시 완성된 소스의 색깔과 맛, 투명감, 풍미, 온도는 다양한 소스의 종류와 특성이 상이하여 하나로 된 기준으로 표현하기 어렵다.(각각의 완성된 소스는 관능평가 기준에 따른다.)

- 육류 : 소, 돼지, 양고기 등의 고기와 부속물
- 가금류 : 닭, 거위, 오리 등의 고기와 부속물

● 조리용어

- 부케가르니Bouquet Garni : 양파에 월계수잎, 통후추, 클로브, 타임, 파슬리줄기와 같은 것을 사용하여 만든 향초다발이다.
- 미르포아Mirepoix : 스톡의 맛을 돋우기 위해 네모나게 썬 양파, 샐러리, 당근이다.
- 농후제 : 소스나 수프의 농도를 조절하는 것으로 루, 전분, 베르마니, 달걀이 있다.
- 루Roux : 녹인 버터에 밀가루를 동량으로 넣어 볶은 것으로, 색에 따라 화이트 루White Roux, 블론드 루Blond Roux, 브라운 루Brown Roux로 나뉘고, 요리의 특징에 따라 적합한 것을 사용한다.
- 베르마니Beurre Manie : 부드러운 버터에 밀가루를 섞은 것으로, 소스나 수프의 농도를 맞출 때 사용한다.

● 이 능력단위는 더운요리 부문에 해당한다.

(2) 평가 시 고려사항

● 수행준거에 제시되어 있는 내용을 성공적으로 수행할 수 있는지를 평가해야 한다.

● 평가자는 다음 사항을 평가할 수 있다.

- 조리복, 조리모, 조리안전화 착용 및 개인위생 준수능력
- 위생적인 조리과정
- 조리 후 정리정돈 능력
- 조리작업에 필요한 안전관리를 적용할 수 있는 능력
- 부케가르니Bouquet Garni를 활용할 수 있는 능력
- 미르포아Mirepoix를 활용할 수 있는 능력
- 와인을 활용할 수 있는 능력
- 농후제를 활용할 수 있는 능력
- 대부분 녹말이 전분이 호화되는 원리를 이용한 것이다.
- 소스조리에 사용되는 조리도구Kitchen Utensil를 활용할 수 있는 능력
- 원하는 상태로 적정하게 조리된 소스의 양
- 소스의 보관, 유지방법에 대한 이해와 과정의 적정성
- 관능검사를 통한 소스의 품질을 평가할 수 있는 능력

– 질감, 향미, 색채와 조화를 고려하여 제공할 수 있는 능력

● 관능검사의 정의

– 관능검사에 대한 정의는 여러 가지가 있지만, 미국의 Institute of Food Technologists(IFT)에서는 "관능검사는 식품과 물질의 특성이 시각·후각·미각·촉각 및 청각으로 감지되는 반응을 측정·분석하고 해석하는 과학의 한 분야이다."라고 정의했다. 다시 말해, 관능검사는 사람이 측정기구가 되어 물질이나 제품의 특성을 평가하는 방법이다.

– 음식에 따라 시시각·후각·미각·촉각 및 청각을 활용하여 관능검사를 할 수 있다.

– 관능검사는 5점 척도를 활용한 기호도 검사표를 통해 점수를 줄 수 있다. "대단히 싫어한다. 1점, 싫어한다. 2점, 좋지도 싫지도 않다. 3점, 좋아한다. 4점, 대단히 좋아한다. 5점"의 검사표에 체크함으로써 평가한다.

실무평가

평가영역		평 가 문 항	매우 미흡	미흡	보통	우수	매우 우수
양식 소스 조리	소스재료 준비하기	• 조리에 필요한 부케가르니(Bouquet Garni)를 준비할 수 있다.	①	②	③	④	⑤
		• 미르포아(Mirepoix)를 준비할 수 있다.	①	②	③	④	⑤
		• 루(Roux)는 버터와 밀가루를 동량으로 사용하여 만들 수 있다.	①	②	③	④	⑤
		• 소스에 필요한 스톡을 준비할 수 있다.	①	②	③	④	⑤
		• 소스조리에 필요한 주방도구(Kitchen Utensil)를 준비할 수 있다.	①	②	③	④	⑤
	소스 조리하기	• 미르포아(Mirepoix)를 볶은 다음 찬 스톡을 넣고 서서히 끓일 수 있다.	①	②	③	④	⑤
		• 소스의 용도에 맞게 농후제를 사용할 수 있다.	①	②	③	④	⑤
		• 소스를 끓이는 과정에서 불순물이나 기름이 위로 떠오르면 걷어낼 수 있다.	①	②	③	④	⑤
		• 적절한 시간에 향신료를 첨가할 수 있다.	①	②	③	④	⑤
		• 원하는 소스의 지정된 맛, 향, 농도, 색이 될 때까지 조리할 수 있다.	①	②	③	④	⑤
		• 소스를 걸러내어 정제할 수 있다.	①	②	③	④	⑤
	소스 완성하기	• 소스의 품질이 떨어지지 않도록 적정온도를 유지할 수 있다.	①	②	③	④	⑤
		• 소스에 표막이 생성되는 것을 막도록 버터나 정제된 버터로 표면을 덮어 마무리할 수 있다.	①	②	③	④	⑤
		• 마무리된 소스의 색깔과 맛, 투명감, 풍미, 온도를 통해 소스의 품질을 평가할 수 있다.	①	②	③	④	⑤
		• 요구되는 양에 맞추어 소스를 제공할 수 있다.	①	②	③	④	⑤

4) 양식 수프조리

- 분류번호 : 1301010204_16v3
- 능력단위 명칭 : 양식 수프조리
- 능력단위 정의 : 양식 수프조리는 육류, 어패류, 채소류, 스톡류 등을 활용하여 메뉴에 사용되는 수프를 조리하는 능력이다.

능력단위 요소	수 행 준 거
1301010204_14v2.1 수프재료 준비하기	1.1 육류, 어패류, 채소류, 곡류에서 수프용도에 알맞은 재료를 선별하여 준비할 수 있다. 1.2 조리에 필요한 부케가르니(Bouquet Garni)를 준비할 수 있다. 1.3 미르포아(Mirepoix)를 준비할 수 있다. 1.4 수프에 적합한 농후제를 준비할 수 있다. 1.5 수프에 필요한 스톡을 준비할 수 있다. 1.6 수프조리에 필요한 조리도구(Kitchen Utensil)를 준비할 수 있다.
	【지 식】 o 곡류의 특성과 영양적 가치 o 농후제의 종류와 특성 o 수프의 종류와 조리법 o 스톡의 종류와 특성 o 육류, 어패류, 채소의 주재료 특성과 용도 o 주재료 용도별 칼, 도마 사용법 o 향신료의 종류와 특성, 용도 【기 술】 o 냉장·냉동고 사용과 온도 조절관리 능력 o 미르포아를 만들 수 있는 능력 o 부케가르니를 만들 수 있는 능력 o 스토브, 오븐조작 능력 o 원하는 농후제를 만드는 능력 o 육류, 어패류, 채소 스톡을 선택하는 능력 【태 도】 o 반복훈련 o 안전사항 준수 o 위생사항 준수 o 인내력 o 정확성 o 조리기기 상태 관찰 o 준비상태를 확인
1301010204_14v2.2 수프 조리하기	2.1 수프의 종류에 따라 건더기와 수분의 비율을 조정할 수 있다. 2.2 수프의 종류에 따라 주요 향미를 가진 재료를 순서에 따라 볶아낼 수 있다. 2.3 재료가 냄비바닥에 눌러 붙지 않도록 조리할 수 있다. 2.4 스톡을 넣고 끓이며, 위에 뜨는 불순물을 제거할 수 있다. 2.5 원하는 수프의 향, 색, 농도가 충분히 우러나도록 끓일 수 있다. 2.6 수프의 종류에 따라 갈아주거나 걸러줄 수 있다.

능력단위 요소	수 행 준 거
	【지 식】 ○ 농후제 ○ 수프 종류에 따른 육류, 어패류, 채소, 곡류 선택법 ○ 수프 종류에 따른 향신료의 선택법 ○ 수프 특성과 용도 ○ 스톡의 종류에 따른 수프 조리법 【기 술】 ○ 가스레인지 화력 조작과 시간조절 능력 ○ 냉장·냉동고 관리 능력 ○ 부케가르니 투입 시점과 방법에 대한 능력 ○ 수프 특성에 맞는 농후제를 선택하여 사용하는 능력 ○ 원하는 수프의 맛, 향, 농도, 색으로 만들 수 있는 능력 ○ 재료를 메뉴의 특징에 맞추어 손질하는 능력 ○ 적정한 상태로 볶는 능력 ○ 적정한 상태로 수프를 걸러내어 정제하는 능력 【태 도】 ○ 반복훈련 ○ 수시로 준비상태를 확인하는 태도 ○ 안전사항 준수 ○ 위생시항 준수 ○ 인내력 ○ 정확성 ○ 필요한 조리기기 상태 관찰하는 태도
1301010204_14v2.3 수프요리 완성하기	3.1 수프의 종류에 따라 크루톤(Crouton), 휘핑크림(Whipping Cream), 퀜넬(Quennel)과 같은 곁들임을 제공할 수 있다. 3.2 마무리된 수프의 색깔과 맛, 투명감, 풍미, 온도를 통해 수프의 품질을 평가할 수 있다.
	【지 식】 ○ 수프의 종류에 따른 좋은 품질 선별법 ○ 수프의 종류에 따른 질감, 향미, 색채의 특징 ○ 완성된 수프를 담는 푸드스타일 방법 【기 술】 ○ 냉장·냉동고 관리 능력 ○ 수프와 어울리는 곁들임을 선택하여 제공하는 능력 ○ 수프의 색, 맛, 투명감이 좋은 품질을 평가할 수 있는 능력 ○ 원하는 온도로 보관 사용하는 능력 ○ 질감, 향미, 색채, 온도의 조화를 고려하여 제공할 수 있는 능력 【태 도】 ○ 반복훈련 ○ 안전사항 준수 ○ 위생사항 준수 ○ 인내력 ○ 정확성 ○ 조리기기 상태 관찰 ○ 준비상태 확인

적용범위 및 작업상황

(1) 고려사항

- 이 능력단위가 다루는 요리의 범위에는 다음이 포함된다.
  - 차우더수프Chowder Soup와 파생수프
  - 미네스트로니수프Minestrone Soup
  - 콩소메Consomme와 파생 콩소메
  - 크림수프Cream Soup와 파생수프
  - 후렌치 어니언수프French Onion Soup 질감, 향미, 색채, 온도
  - 수프평가 시 완성된 수프의 색깔과 맛, 투명감, 풍미, 온도는 다양한 종류와 특성이 상이하여 하나로 된 기준으로 표현하기 어렵다.(각각의 완성된 수프는 관능평가기준에 따른다.)

- 조리용어
  - 부케가르니Bouquet Garni : 양파에 월계수잎, 통후추, 클로브, 타임, 파슬리줄기와 같은 것을 사용하여 만든 향초다발이다.
  - 미르포아Mirepoix : 스톡의 맛을 돋우기 위해 네모나게 썬 양파, 샐러리, 당근이다.
  - 크루톤Croutons은 빵을 작은 주사위 모양으로 썰어서 팬이나 오븐에서 바삭하게 구운 것을 말한다.
  - 퀜넬Quennel은 가금류와 어류를 곱게 갈아 만든 타원형의 완자를 말한다.
  - 농후제 : 소스나 수프의 농도를 조절하는 것으로 루, 전분, 베르마니, 달걀이 있다.
  - 루Roux : 녹인 버터에 밀가루를 동량으로 넣어 볶은 것으로 색에 따라 화이트 루White Roux, 블론드 루Blond Roux, 브라운 루Brown Roux로 나뉘고 요리의 특징에 따라 적합한 것을 사용한다.
  - 베르마니Beurre Manie : 부드러운 버터에 밀가루를 섞은 것으로, 소스나 수프의 농도를 맞출 때 사용한다.
  - 콜렌더Colander : 음식물의 물기를 제거할 때 사용

- 이 능력단위는 더운요리에 해당한다.

(2) 평가 시 고려사항

- 수행준거에 제시되어 있는 내용을 성공적으로 수행할 수 있는지를 평가해야 한다.
- 평가자는 다음 사항을 평가할 수 있다.
  - 조리복, 조리모 착용 및 개인위생 준수능력
  - 위생적인 조리과정
  - 조리 후 정리정돈 능력
  - 조리작업에 필요한 안전관리를 적용할 수 있는 능력
  - 부케가르니를 활용할 수 있는 능력
  - 미르포아를 활용할 수 있는 능력
  - 와인을 활용할 수 있는 능력
  - 농후제를 활용할 수 있는 능력
  - 원하는 상태로 적정하게 조리된 수프의 양
  - 보관, 유지방법에 대한 이해와 과정의 적정성
  - 관능검사를 통한 수프의 품질을 평가할 수 있는 능력
  - 질감, 향미, 색채와 조화를 고려하여 제공할 수 있는 능력

실무평가

평가영역		평 가 문 항	매우 미흡	미흡	보통	우수	매우 우수
양식 수프 조리	수프재료 준비하기	· 육류, 어패류, 채소, 곡류에서 수프용도에 알맞은 재료를 선별하여 준비할 수 있다.	①	②	③	④	⑤
		· 조리에 필요한 부케가르니(Bouquet Garni)를 준비할 수 있다.	①	②	③	④	⑤
		· 미르포아(Mirepoix)를 준비할 수 있다.	①	②	③	④	⑤
		· 수프에 적합한 농후제를 준비할 수 있다.	①	②	③	④	⑤
		· 수프에 필요한 스톡을 준비할 수 있다.	①	②	③	④	⑤
		· 수프조리에 필요한 조리도구(Kitchen Utensil)를 준비할 수 있다.	①	②	③	④	⑤
	수프 조리하기	· 수프의 종류에 따라 건더기와 수분의 비율을 조정할 수 있다.	①	②	③	④	⑤
		· 수프의 종류에 따라 주요 향미를 가진 재료를 순서에 따라 볶아낼 수 있다.	①	②	③	④	⑤
		· 재료가 냄비바닥에 눌러 붙지 않도록 조리할 수 있다.	①	②	③	④	⑤
		· 스톡을 넣고 끓이며, 위에 뜨는 불순물을 제거할 수 있다.	①	②	③	④	⑤
		· 원하는 수프의 향, 색, 농도가 충분히 우러나도록 끓일 수 있다.	①	②	③	④	⑤
		· 수프의 종류에 따라 갈아주거나 걸러줄 수 있다	①	②	③	④	⑤
	수프 완성하기	· 수프의 종류에 따라 크루톤(Crouton), 휘핑크림, 퀜넬(Quennel)과 같은 곁들임을 제공할 수 있다.	①	②	③	④	⑤
		· 마무리된 수프의 색깔과 맛, 투명감, 풍미, 온도를 통해 수프의 품질을 평가할 수 있다.	①	②	③	④	⑤

적용범위 및 작업상황

(1) 고려사항

- 이 능력단위가 다루는 요리의 범위에는 다음이 포함된다.
  - 조리복, 조리모 착용 및 개인위생 준수 능력
  - 위생적인 조리과정
  - 조리 후 정리정돈 능력
  - 조리작업에 필요한 안전관리를 적용할 수 있는 능력
  - 스터프드 달걀요리Stuffed Egg
  - 새우 칵테일Shrimp Cocktail
  - 참치 타르타르Tuna Tartar
  - 카나페Assorted Canape
  - 샌드위치Sandwich류의 색깔과 맛, 풍미, 온도
  - 과일, 로우햄Raw Ham, 속을 채운 채소류, 베지타블 렐리쉬Vegetable Relish, 케이퍼Capers
  - 전채 평가 시 완성된 전채의 색깔과 맛, 풍미, 온도는 다양한 조리법과 재료의 특성이 상이하여 하나로 된 기준으로 표현하기 어렵다.(각각의 완성된 전채는 관능평가기준에 따른다.)
  - 조리실 온도 조절관리 능력은 콜드키친에 알맞은 온도와 습도 채광을 관리하는 것이다.
  - 전채요리에 사용되는 채소와 허브는 양상추, 상추, 당근, 샐러리, 양파, 당근과 같은 채소류와 파슬리, 딜, 로즈마리, 고수, 바질과 같은 허브를 말한다.

- 조리용어
  - 콘디멘트Condiments : 전채요리와 어울리는 양념, 조미료, 향신료를 말한다.
  - 푸드스타일링Food Styling : 요리를 완성하여 접시나 용기에 모양내어 아름답게 담는 것을 말한다.
  - 테이블스타일링Table Styling : 레스토랑, 메뉴의 특징을 살려 아름답게 테이블과 실내를 연출하는 것을 말하며, 넓은 의미에서는 푸드스타일링을 포함한다.
  - 베지타블 렐리쉬Vegetable Relish : 향미가 나는 채소와 재료들로 식욕을 돋우는 역할을 한다.

- 이 능력단위는 콜드키친Cold Kitchen에 해당한다.

(2) 평가 시 고려시항

- 수행준거에 제시되어 있는 내용을 성공적으로 수행할 수 있는지를 평가해야 한다.
- 평가자는 다음 사항을 평가할 수 있다.
  - 조리복, 조리모, 조리안전화 착용 및 개인위생 준수능력
  - 위생적인 조리과정
  - 조리 후 정리정돈 능력
  - 조리작업에 필요한 안전관리를 적용할 수 있는 능력
  - 요리에 적합한 콘디멘트(Condiments) 준비의 적정성
  - 재료의 전처리와 준비과정의 적정성
  - 전채조리에 필요한 조리도구(Kitchen Utensil) 사용의 적정성
  - 메뉴와 전채조리에 필요한 조리법 숙지 정도
  - 전채요리의 종류, 선정기준에 대한 이해 정도
  - 메뉴에 맞는 양과 모양을 담아내는 방법에 대한 이해 정도

실무평가

평가영역		평 가 문 항	매우 미흡	미흡	보통	우수	매우 우수
양식 전채 조리	전채재료 준비하기	• 적합한 콘디멘트를 준비할 수 있다.	①	②	③	④	⑤
		• 식욕을 돋우며, 전채메뉴 구성을 고려한 재료를 준비할 수 있다.	①	②	③	④	⑤
		• 전채조리에 필요한 조리도구(Kitchen Utensil)를 준비할 수 있다.	①	②	③	④	⑤
		• 메뉴와 전채조리에 필요한 조리법을 숙지할 수 있다.	①	②	③	④	⑤
	전채 조리하기	• 메뉴 구성에 알맞은 양의 전채를 준비할 수 있다.	①	②	③	④	⑤
		• 채소와 허브를 적절하게 사용할 수 있다.	①	②	③	④	⑤
		• 전채에 적합한 콘디멘트(Condiments)를 사용할 수 있다.	①	②	③	④	⑤
		• 메뉴와 어울릴 수 있는 조리법을 선택할 수 있다.	①	②	③	④	⑤
	전채요리 완성하기	• 요리에 알맞은 온도로 접시를 준비할 수 있다.	①	②	③	④	⑤
		• 색과 모양 그리고 여백을 살려 접시에 담을 수 있다.	①	②	③	④	⑤
		• 전채를 먹는데 필요한 접시나 기물, 핑거볼을 제공할 수 있다.	①	②	③	④	⑤
		• 전채에 적합한 콘디멘트(Condiments)를 제공할 수 있다.	①	②	③	④	⑤
		• 마무리된 음식의 색깔과 맛, 풍미, 온도를 통해 음식의 품질을 평가할 수 있다.	①	②	③	④	⑤

6) 양식 샌드위치 조리

- 분류번호 : 1301010217_16v3
- 능력단위 명칭 : 양식 샌드위치 조리
- 능력단위 정의 : 양식 샌드위치 조리는 각종 샌드위치를 조리하는 능력이다.

능력단위 요소	수 행 준 거
1301010217_16v3.1 샌드위치 재료 준비하기	1.1 샌드위치의 종류에 따른 조직과 조각 모양을 갖는 빵을 준비할 수 있다. 1.2 샌드위치의 종류에 따라 스프레드 재료를 준비할 수 있다. 1.3 속재료는 샌드위치 특성에 따라 준비할 수 있다. 1.4 속재료와 어울릴 수 있는 가니쉬 재료를 준비할 수 있다.
	【지 식】 o 샌드위치용 빵의 종류 o 샌드위치용 빵의 특성 o 스프레드의 종류 o 속재료의 종류와 특성 o 가니쉬의 종류와 특성 o 주재료 용도별 칼, 도마 사용법 【기 술】 o 냉장·냉동고 관리 능력 o 메뉴구성 시 재료와 조리법의 중복을 하지 않는 능력 o 스토브 조작 능력 o 오븐 조작 능력 o 조리실 온도관리 능력 【태 도】 o 반복훈련 o 안전사항 준수 o 위생사항 준수 o 인내력 o 정확성 o 조리기기 상태 관찰 o 준비상태 확인
1301010217_16v3.2 샌드위치 완성하기	2.1 모든 재료는 일의 흐름이 일직선이 되도록 집어 들기 편한 위치에 놓을 수 있다. 2.2 샌드위치 종류에 따라 속재료와 어울리는 가니쉬를 선택하고 만들 수 있다. 2.3 더운 샌드위치에 어울리는 스프레드를 구분하여 발라줄 수 있다. 2.4 찬 샌드위치에 어울리는 스프레드를 구분하여 발라줄 수 있다. 2.5 스프레드를 바른 샌드위치에 속재료와 가니쉬를 넣어 만들 수 있다.
	【지 식】 o 샌드위치 종류에 따른 빵의 조리법 o 스프레드의 종류에 따른 조리법 o 속재료의 종류에 따른 조리법 o 각각의 샌드위치 속재료에 적합한 가니쉬 조리법 o 샌드위치 특성과 메뉴 구성

능력단위 요소	수 행 준 거
	【기 술】 o 냉장·냉동고 사용과 콜드키친 조리실 온도관리 능력 o 스토브 화력 조작과 시간조절 능력 o 신선한 채소, 허브를 손질, 보관, 활용하는 능력 o 원하는 전채의 양, 맛, 향, 농도, 색으로 만들 수 있는 능력 o 재료를 메뉴의 특징에 맞추어 손질하는 능력 o 주재료 조리온도와 시간조절을 하는 능력 o 주재료 용도별 칼, 도마 사용 능력 【태 도】 o 반복훈련 o 안전사항 준수 o 위생사항 준수 o 인내력 o 정확성 o 조리기기 상태 관찰 o 준비상태를 확인
1301010217_16v3.3 샌드위치 조리하기	3.1 샌드위치 요리에 알맞은 온도로 접시를 준비할 수 있다. 3.2 샌드위치를 다양한 썰기 방법으로 썰 수 있다. 3.3 색과 모양 그리고 여백을 살려 접시에 담을 수 있다. 3.4 샌드위치에 적합한 콘디멘트(Condiments)를 제공할 수 있다. 3.5 마무리된 음식의 색깔과 맛, 풍미, 온도를 통해 음식의 품질을 평가할 수 있다. 【지 식】 o 식·공간 연출 o 접시 선택법 o 종류에 따른 질감, 향미, 색채의 특징 o 테이블 스타일링 o 푸드 스타일링 o 품질 선별법 【기 술】 o 샌드위치를 다양한 모양으로 써는 능력 o 샌드위치에 어울리는 양념(Condiment)을 선택하고 함께 제공하는 능력 o 샌드위치를 다양한 방법으로 담는 능력 o 조화를 고려하여 제공할 수 있는 능력 【태 도】 o 반복훈련 o 안전사항 준수 o 위생사항 준수 o 인내력 o 정확성 o 조리기기 상태 관찰 o 준비상태 확인

실무평가

(1) 고려사항

- 이 능력단위가 다루는 요리의 범위에는 다음이 포함된다.
  - 오픈 샌드위치 및 클로즈 샌드위치
  - 콜 샌드위치 및 핫 샌드위치
  - 식사용, 티타임용, 파티용 샌드위치
  - 이 능력단위는 핫 또는 콜드키친에 해당한다.
  - 샌드위치Sandwich류의 색깔과 맛, 풍미, 온도
  - 조리방식 또는 조리법에는 다음이 포함된다.(토스팅, 소테, 팬프라잉, 딥프라잉, 그릴, 찌기, 삶기)
  - 샌드위치 평가 시 완성된 샌드위치의 색깔과 맛, 풍미, 온도는 다양한 조리법과 재료의 특성이 상이하여 하나로 된 기준으로 표현하기가 어렵다.(각각의 완성된 샌드위치는 관능평가기준에 따른다.)
  - 샌드위치 요리에 사용되는 빵은 식빵, 보리빵, 바게뜨, 시아빠따, 크루아상, 베이글, 토티아 등이다.

- 조리용어
  - 스프레드Spread : 빵에 바르는 소스로, 마요네즈나 버터와 같은 기름기가 있는 재료이다.
    - · 단순 스프레드Simple Spread : 버터나 마요네즈 자체로 이용되는 소스이다.
    - · 복합 스프레드Compound Spread : 버터나 마요네즈에 각종 머스타드류나 앤초비 등을 첨가하여 사용하는 소스이다.
  - 속재료Filling : 샌드위치의 속재료는 샌드위치의 맛을 구성하는 가장 중요한 재료이다.
  - 가니쉬Garnish : 샌드위치의 전체적인 완성도에 영향을 미치는 요소이다. 로메인 레터스나 슬라이스하나 토마토, 얇게 썬 양파, 피클과 올리브 등은 샌드위치의 장식을 구성하는 대표적인 야채이다.
  - 푸드 스타일링Food Styling : 요리를 완성하여 접시나 용기에 모양내어 아름답게 담는 것을 말한다.
  - 테이블 스타일링Table Styling : 레스토랑, 메뉴의 특징을 살려 아름답게 테이블과 실내를 연출하는 것을 말하며, 넓은 의미에서는 푸드 스타일링을 포함한다.

- 이 능력단위는 핫 기친Hot Kitchen 또는 콜드 기친Cold Kitchen에 해당한다.

(2) 평가 시 고려사항

- 수행준거에 제시되어 있는 내용을 성공적으로 수행할 수 있는지를 평가해야 한다.
- 평가자는 다음 사항을 평가할 수 있다.
  - 조리복, 조리모, 조리안전화 착용 및 개인위생 준수 능력
  - 위생적인 조리과정
  - 조리 후 정리정돈 능력
  - 조리작업에 필요한 안전관리를 적용할 수 있는 능력
  - 요리에 적합한 재료 준비의 적정성
  - 재료의 전처리와 준비과정의 적정성
  - 샌드위치 조리에 필요한 조리도구Kitchen Utensil 사용의 적정성
  - 샌드위치 조리에 필요한 조리법 숙지 정도
  - 샌드위치 요리의 종류, 선정기준에 대한 이해 정도
  - 메뉴에 맞는 양과 모양을 담아내는 방법에 대한 이해 정도

실무평가

평가영역		평 가 문 항	매우 미흡	미흡	보통	우수	매우 우수
양식 샌드 위치 조리	샌드위치 재료 준비하기	· 샌드위치의 종류에 따른 조직과 조각 모양을 갖는 빵을 준비할 수 있다.	①	②	③	④	⑤
		· 샌드위치의 종류에 따라 스프레드 재료를 준비할 수 있다.	①	②	③	④	⑤
		· 속재료는 샌드위치 특성에 따라 준비할 수 있다.	①	②	③	④	⑤
		· 속재료와 어울릴 수 있는 가니쉬 재료를 준비할 수 있다.	①	②	③	④	⑤
	샌드위치 조리하기	· 모든 재료는 일의 흐름이 일직선이 되도록 집어 들기 편한 위치에 놓을 수 있다.	①	②	③	④	⑤
		· 샌드위치 종류에 따라 속 재료와 어울리는 가니쉬를 선택하고 만들 수 있다.	①	②	③	④	⑤
		· 더운 샌드위치에 어울리는 스프레드를 구분하여 발라 줄 수 있다.	①	②	③	④	⑤
		· 찬 샌드위치에 어울리는 스프레드를 구분하여 발라 줄 수 있다.	①	②	③	④	⑤
		· 스프레드를 바른 샌드위치에 속재료와 가니쉬를 넣어 만들 수 있다.	①	②	③	④	⑤
	샌드위치 완성하기	· 샌드위치 요리에 알맞은 온도로 접시를 준비할 수 있다.	①	②	③	④	⑤
		· 샌드위치를 다양한 썰기 방법으로 썰 수 있다.	①	②	③	④	⑤
		· 색과 모양 그리고 여백을 살려 접시에 담을 수 있다.	①	②	③	④	⑤
		· 샌드위치에 적합한 콘디멘트(Condiments)를 제공할 수 있다.	①	②	③	④	⑤
		· 마무리된 음식의 색깔과 맛, 풍미, 온도를 통해 음식의 품질을 평가할 수 있다.	①	②	③	④	⑤

7) 양식 샐러드조리

- 분류번호 : 1301010206_16v3
- 능력단위 명칭 : 양식 샐러드조리
- 능력단위 정의 : 양식 샐러드조리는 어패류 · 육류 · 채소류 · 제품류 · 가공식품류를 활용하여 단순 샐러드와 복합 샐러드, 각종 드레싱류를 조리하는 능력이다.

능력단위 요소	수 행 준 거
1301010206_16v3.1 샐러드재료 준비하기	1.1 샐러드와 어울리는 드레싱 재료를 준비할 수 있다. 1.2 샐러드용 재료를 적합한 용도와 특성에 맞게 전처리 할 수 있다. 1.3 샐러드 조리에 필요한 조리도구(Kitchen Utensil)를 준비할 수 있다.
	【지 식】 o 드레싱의 종류와 특성 o 메뉴구성과 서비스방식 o 샐러드와 드레싱의 구성방법 o 샐러드의 종류와 특성 o 식욕을 자극하는 재료와 색채, 맛, 향의 특징 o 육류, 어패류, 채소의 주재료 특성과 용도방법 o 주재료 용도별 칼, 도마 사용법 o 콘디멘트(Condiments)의 종류와 특성 【기 술】 o 냉장·냉동고 관리 능력 o 스토브, 오븐 조작 능력 o 신선한 육류, 어패류, 채소류 선택 능력 o 재료를 메뉴의 특징에 맞게 자르는 능력 o 재료와 조리법을 중복시키지 않는 능력 o 조리실 온도관리 능력 o 채소, 과일의 전처리하는 능력 【태 도】 o 반복훈련 o 안전사항 준수 o 위생사항 준수 o 인내력 o 정확성 o 조리기기 상태 관찰 o 준비상태 확인
1301010206_16v3.2 샐러드 조리하기	2.1 유화에 안정을 주는 재료와 식초, 기름을 넣어 안정된 상태로 만들 수 있다. 2.2 드레싱의 특징에 맞는 허브와 향신료, 콘디멘트(Condiment)를 첨가할 수 있다. 2.3 육류, 어패류, 채소, 곡류는 따로 익혀서 조리할 수 있다. 2.4 필요한 경우 드레싱에 버무리기 전 양념할 수 있다.

능력단위 요소	수 행 준 거
	【지 식】 ㅇ 드레싱 종류에 따른 조리법 ㅇ 샐러드 종류에 따른 조리법 ㅇ 샐러드 특성과 메뉴 구성 ㅇ 적합한 콘디멘트(Condiments) 선택법 ㅇ 채소와 허브의 종류와 특성(명칭) 【기 술】 ㅇ 냉장·냉동고 관리 능력 ㅇ 스토브화력 조작과 시간조절 능력 ㅇ 신선한 채소, 허브를 손질, 조리하는 능력 ㅇ 원하는 드레싱의 맛, 향, 농도, 색을 만들 수 있는 능력 ㅇ 원하는 샐러드의 맛, 향, 농도, 색을 만들 수 있는 능력 ㅇ 주재료 용도별 칼, 도마 사용 능력 【태 도】 ㅇ 반복훈련 ㅇ 안전사항 준수 ㅇ 위생사항 준수 ㅇ 인내력 ㅇ 정확성 ㅇ 조리기기 상태 관찰 ㅇ 준비상태 확인
1301010206_16v3.3 샐러드요리 완성하기	3.1 샐러드용 재료에 드레싱을 얹거나 버무릴 수 있다. 3.2 메뉴에 알맞은 허브와 향신료, 콘디멘트(Condiment)를 선택하여 첨가할 수 있다. 3.3 샐러드는 차갑게 제공할 수 있다. 3.4 마무리된 음식의 색깔과 맛, 풍미, 온도를 통해 음식의 품질을 평가할 수 있다.
	【지 식】 ㅇ 다양한 색감의 음식을 접시에 담는 방법 ㅇ 샐러드에 드레싱을 버무리거나 따로 제공하는 판단력 ㅇ 접시 선택법 ㅇ 종류에 따른 질감, 향미, 색채의 특징 ㅇ 푸드스타일 방법 ㅇ 품질 선별법 【기 술】 ㅇ 곁들임을 선택하여 조리하는 능력 ㅇ 냉장·냉동고 관리 능력 ㅇ 드레싱을 선택하여 조리하는 능력 ㅇ 향, 색, 맛을 좋은 품질로 만드는 능력 ㅇ 질감, 향미, 색채, 온도의 조화를 고려한 제공 능력 【태 도】 ㅇ 반복훈련 ㅇ 안전사항 준수 ㅇ 위생사항 준수 ㅇ 인내력 ㅇ 정확성 ㅇ 조리기기 상태 관찰 ㅇ 준비상태 확인

적용범위 및 작업상황

(1) 고려사항

- 이 능력단위가 다루는 요리의 범위에는 다음이 포함된다.
  - 마요네즈, 비네그레트, 샐러드드레싱
  - 채소, 과일 샐러드
  - 감자, 콩, 곡물, 파스타 샐러드
  - 복합 샐러드
  - 샐러드평가 시 완성된 샐러드의 색깔과 맛, 풍미, 온도는 다양한 소스의 종류와 재료의 특성이 상이하여 하나로 된 기준으로 표현하기 어렵다.(각각의 샐러드는 관능평가 기준에 따른다.)
  - 드레싱 재료는 양파, 당근, 샐러리, 피망, 실파와 같은 채소류와 식초, 겨자, 식용유, 난류 등이다.
  - 콘디멘트Condiments : 샐러드요리와 어울리는 양념, 조미료, 향신료를 말한다.
  - 단순 샐러드용 양상추, 상추, 오이, 당근, 피망, 치커리와 같은 채소류는 깨끗이 세척하여 차가운 물에서 싱싱하게 살려 준비한다.
  - 복합 샐러드에 사용되는 양파, 피망, 육류, 어패류, 파스타류, 채소류는 메뉴 특성에 맞게 손질하여 굽기, 삶기, 튀기기, 로스팅한다.
  - 복합샐러드의 경우, 드레싱에 버무리기 전 양념을 해 준다.
  - 샐러드는 음식의 색깔과 채소와 주재료 본연의 맛과 향이 살아있어야 하며, 샐러드의 특성에 맞는 차가운 온도를 유지하여야 한다.
  - 쿠르부용Court Bouillon : 어패류, 채소류를 포칭하는데 사용되는 육수로 미르포아, 딜, 통후추, 타임, 바질 등 허브류와 레몬, 식초, 포도주가 첨가되기도 한다.

- 이 능력단위는 콜드키친Cold Kitchen에 해당한다.

(2) 평가 시 고려사항

- 수행준거에 제시되어 있는 내용을 성공적으로 수행할 수 있는지를 평가해야 한다.
- 평가자는 다음 사항을 평가할 수 있다.
  - 조리복, 조리모, 조리안전화 착용 및 개인위생 준수능력
  - 위생적인 조리과정

– 조리 후 정리정돈 능력
– 조리작업에 필요한 안전관리를 적용할 수 있는 능력
– 냉장·냉동고 사용과 온도조절의 적정성
– 샐러드와 어울리는 드레싱 선택의 적정성
– 샐러드와 어울리는 곁들임을 선택하여 조리하는지의 유·무
– 샐러드의 양, 색, 맛, 모양의 조화 유·무
– 질감, 향미, 색채, 온도의 조화를 고려하여 제공하는지의 유·무

실무평가

평가영역		평 가 문 항	매우 미흡	미흡	보통	우수	매우 우수
양식 샐러드 조리	샐러드재료 준비하기	· 샐러드와 어울리는 드레싱 재료를 준비할 수 있다.	①	②	③	④	⑤
		· 샐러드용 재료를 적합한 용도와 특성에 맞게 전처리할 수 있다.	①	②	③	④	⑤
		· 샐러드 조리에 필요한 조리도구(Kitchen Utensil)를 준비할 수 있다.	①	②	③	④	⑤
	샐러드 조리하기	· 유화에 안정을 주는 재료와 식초, 기름을 넣어 안정된 상태로 만들 수 있다.	①	②	③	④	⑤
		· 드레싱의 특징에 맞는 허브와 향신료, 콘디멘트(Condiment)를 첨가할 수 있다.	①	②	③	④	⑤
		· 육류, 어패류, 채소, 곡류는 따로 익혀서 조리할 수 있다.	①	②	③	④	⑤
		· 필요한 경우 드레싱에 버무리기 전 양념할 수 있다.	①	②	③	④	⑤
	샐러드요리 완성하기	· 샐러드용 재료에 드레싱을 얹거나 버무릴 수 있다.	①	②	③	④	⑤
		· 메뉴에 알맞은 허브와 향신료, 콘디멘트(Condiment)를 선택하여 첨가할 수 있다.	①	②	③	④	⑤
		· 샐러드는 차갑게 제공할 수 있다.	①	②	③	④	⑤
		· 마무리된 음식의 색깔과 맛, 풍미, 온도를 통해 음식의 품질을 평가할 수 있다.	①	②	③	④	⑤

8) 양식 어패류조리

- 분류번호 : 1301010207_16v3
- 능력단위 명칭 : 양식 어패류조리
- 능력단위 정의 : 양식 어패류조리는 생선류, 조개류, 갑각류 등을 활용하여 각각의 특성에 맞게 조리하고, 곁들여지는 소스 등을 조리하는 능력이다.

능력단위 요소	수 행 준 거
1301010207_16v3.1 어패류 재료 준비하기	1.1 어패류의 원산지, 조리법을 고려하여 선별할 수 있다. 1.2 조리에 요구되는 신선도를 갖고 있는지 검사할 수 있다. 1.3 구입 후 조리 이전까지 신선한 상태를 유지하도록 보관할 수 있다. 1.4 생선류, 조개류, 갑각류를 손질하여 용도에 맞는 크기로 자를 수 있다. 1.5 요리에 알맞은 부재료와 소스를 준비할 수 있다. 1.6 필요한 경우 오일과 향신료를 이용하여 마리네이드(Marinade) 할 수 있다. 1.7 어패류 조리에 필요한 조리도구(Kitchen Utensil)를 준비할 수 있다.
	【지 식】 ㅇ 메뉴에 따른 부재료와 소스의 특징 ㅇ 메뉴의 특성에 맞는 어패류 손질 관리법 ㅇ 메뉴의 특성에 맞는 전처리, 마리네이드 방법 ㅇ 어패류의 원산지, 조리법 ㅇ 어패류의 특징 ㅇ 주재료 용도별 칼, 도마 사용법 【기 술】 ㅇ 가스레인지 조작 능력 ㅇ 냉장·냉동고 관리 능력 ㅇ 메뉴에 따라 어패류 선택 능력 ㅇ 부재료, 소스 선택 능력 ㅇ 오븐 사용 능력 ㅇ 특성에 맞게 전처리, 마리네이드 할 수 있는 능력 【태 도】 ㅇ 반복훈련 ㅇ 안전사항 준수 ㅇ 위생사항 준수 ㅇ 인내력 ㅇ 정확성 ㅇ 조리기기 상태 관찰 ㅇ 준비상태 확인
1301010207_16v3.2 어패류 조리하기	2.1 재료에 적합한 조리방식과 조리도구를 결정할 수 있다. 2.2 재료가 눌러 붙거나 부서지지 않도록 조리할 수 있다. 2.3 화력을 조절하여 살이 오그라들거나 덜 익혀지지 않도록 할 수 있다. 2.4 용도에 알맞게 향신료와 와인을 사용하여 조리할 수 있다. 2.5 요리에 알맞은 부재료와 소스를 조리할 수 있다.
	【지 식】 ㅇ 부재료와 소스 ㅇ 양식 기초직무 능력 ㅇ 어패류 조리방법 ㅇ 익힘 정도 ㅇ 특성과 용도 ㅇ 향신료 종류와 쓰임방법

능력단위 요소	수 행 준 거
	【기 술】 ○ 냉장·냉동고 관리 능력 ○ 부재료와 소스를 조리할 수 있는 능력 ○ 오븐 사용 능력 ○ 적정한 상태로 조리할 수 있는 능력 ○ 향신료 종류에 따라 활용할 수 있는 능력 【태 도】 ○ 반복훈련 ○ 안전사항 준수 ○ 위생사항 준수 ○ 인내력 ○ 정확성 ○ 조리기기 상태 관찰 ○ 준비상태 확인
1301010207_16v3.3 어패류요리 완성하기	3.1 요리에 알맞은 맛과 풍미를 이끌어 낼 수 있는 소스를 제공할 수 있다. 3.2 주재료에 어울리는 부재료(Side Dish), 가니쉬(Garnish)를 제공할 수 있다. 3.3 마무리된 음식의 색깔과 맛, 풍미, 온도를 통해 음식의 품질을 평가할 수 있다. 【지 식】 ○ 맛과 풍미를 이끌어내는 부재료와 소스선택 방법 ○ 메뉴에 따른 어패류 조리법 ○ 메뉴에 따른 제공기물 선택법 ○ 완성된 요리를 담는 푸드스타일 방법 ○ 지정된 색, 맛, 풍미, 온도를 유지하는 방법 【기 술】 ○ 메뉴에 따른 부재료 활용 능력 ○ 메뉴에 따른 어패류 조리 능력 ○ 색깔과 맛, 풍미, 온도를 고려한 제공 능력 ○ 양, 색, 맛을 좋은 품질로 만드는 능력 ○ 요리에 따른 그릇 선택 능력 【태 도】 ○ 반복훈련 ○ 안전사항 준수 ○ 위생사항 준수 ○ 인내력 ○ 정확성 ○ 조리기기 상태 관찰 ○ 준비상태 확인

적용범위 및 작업상황

(1) 고려사항

- 이 능력단위가 다루는 요리의 범위에는 다음이 포함된다.
  - 생선류 요리
  - 갑각류 요리
  - 조개류 요리
  - 어패류의 원산지, 조리법을 고려하여 선별할 수 있다.
  - 조리에 요구되는 신선도를 가지고 있는지 검사할 수 있다.
  - 구입 후 조리 이전까지 신선한 상태를 유지하여 보관할 수 있다.
  - 생선류, 조개류, 갑각류를 손질하여 용도에 맞는 크기로 자를 수 있다.
  - 요리에 알맞은 부재료와 소스를 준비할 수 있다.
  - 필요한 경우 오일과 향신료를 이용하여 마리네이드Marinade 할 수 있다.
  - 어패류 조리에 필요한 조리도구Kitchen Utensil를 준비할 수 있다.
  - 어패류 평가 시 완성된 어패류의 색깔과 맛, 풍미, 온도는 다양한 조리법과 재료의 특성이 상이하여 하나로 된 기준으로 표현하기 어렵다.(각각의 완성된 어패류 조리는 관능평가 기준에 따른다.)

- 조리용어
  - 향신료 : 딜, 바질, 타임, 고수, 파슬리, 통후추와 같은 것을 용도에 알맞게 사용하는 것이다.
  - 부재료 : 양파, 당근, 샐러리, 감자, 애호박, 피망, 고구마, 오이와 같은 채소류와 사과, 레몬, 오렌지 같은 과일류를 사용하는 것이다.
  - 가니쉬Garnish : 딜, 바질, 타임, 고수, 파슬리와 같은 허브류와 통후추, 고추, 마늘과 같은 향신료, 레몬, 사과, 오렌지와 같은 과일류, 밀가루와 버터를 활용하여 구워낸 쿠키와 빵류를 사용하여 요리에 맛과 멋을 부여하여 장식하는 것이다.
  - 마리네이드Marinade : 맛과 풍미, 연육을 주재료에 부여하는 것으로서 드라이 마리네이드Dry Marinade와 모이스트 마리네이드Moist Marinade가 있으며, 대부분의 마리네이드는 산을 포함하고 있다.
  - 쿠르부용Court Bouillon : 어패류, 채소류를 포칭하는데 사용되는 육수로 미르포아, 딜, 통후추, 타임, 바질 같은 허브류와 레몬, 식초, 포도주가 첨가되기도 한다.

- 이 능력단위는 더운요리 부문에 해당한다.

(2) 평가 시 고려사항

- 수행준거에 제시되어 있는 내용을 성공적으로 수행할 수 있는지를 평가해야 한다.
- 평가자는 다음 사항을 평가할 수 있다.
  - 조리복, 조리모, 조리안전화 착용 및 개인위생 준수 능력
  - 위생적인 조리과정
  - 조리 후 정리정돈 능력
  - 조리작업에 필요한 안전관리를 적용할 수 있는 능력
  - 재료의 전처리와 준비과정의 적정성
  - 생선요리의 접시 담기 규칙 준수 여부
  - 보관과 유지방법에 대한 이해
  - 보관과 유지과정의 적정성

실무평가

평가영역		평 가 문 항	매우 미흡	미흡	보통	우수	매우 우수
양식 어패류 조리	어패류재료 준비하기	· 어패류의 원산지, 조리법을 고려하여 선별할 수 있다.	①	②	③	④	⑤
		· 조리에 요구되는 신선도를 가지고 있는지 검사할 수 있다.	①	②	③	④	⑤
		· 구입 후 조리 이전까지 신선한 상태를 유지하도록 보관할 수 있다.	①	②	③	④	⑤
		· 생선류, 조개류, 갑각류를 손질하여 용도에 맞는 크기로 자를 수 있다.	①	②	③	④	⑤
		· 요리에 알맞은 부재료와 소스를 준비할 수 있다.	①	②	③	④	⑤
		· 필요한 경우 오일과 향신료를 이용하여 마리네이드(Marinade) 할 수 있다.	①	②	③	④	⑤
		· 어패류 조리에 필요한 조리도구(Kitchen Utensil)를 준비할 수 있다.	①	②	③	④	⑤
	어패류 조리하기	· 재료에 적합한 조리방식과 조리도구를 결정할 수 있다.	①	②	③	④	⑤
		· 재료가 눌러 붙거나 부서지지 않도록 조리할 수 있다.	①	②	③	④	⑤
		· 화력을 조절하여 살이 오그라들거나 덜 익혀지지 않도록 할 수 있다.	①	②	③	④	⑤
		· 용도에 알맞게 향신료와 와인을 사용하여 조리할 수 있다.	①	②	③	④	⑤
		· 요리에 알맞은 부재료와 소스를 조리할 수 있다.	①	②	③	④	⑤
	어패류요리 완성하기	· 요리에 알맞은 맛과 풍미를 이끌어 낼 수 있는 소스를 제공할 수 있다.	①	②	③	④	⑤
		· 주재료에 어울리는 부재료(Side Dish), 가니쉬(Garnish)를 제공할 수 있다.	①	②	③	④	⑤
		· 마무리된 음식의 색깔과 맛, 풍미, 온도를 통해 음식의 품질을 평가할 수 있다.	①	②	③	④	⑤

적용범위 및 작업상황

(1) 고려사항

- 이 능력단위가 다루는 요리의 범위에는 다음이 포함된다.
  - 소, 돼지, 양고기 등 육류요리
  - 닭, 거위, 오리 등 가금류요리
  - 내장 등 부산물을 사용한 요리

- 조리용어
  - 로스팅Roasting : 오븐에서 육류, 가금류, 감자 등을 구워내는 건열식 조리방법
  - 마리네이드Marinade : 고기나 생선, 채소 등을 재워두는 액상의 양념이다. 육질을 부드럽게 하거나 맛이 배게 하는데 쓰이고, 보통 레몬주스나 식초, 와인 같은 산과 향신료를 더해서 만든다.
  - 가니쉬Garnish : 주재료에 곁들여지는 재료로써 감자, 고구마, 호박, 당근, 버섯 등 각종 채소들을 말한다.
  - 향신료 : 육류의 누린내를 없애는 기능으로써 로즈마리, 타임, 세이지 등이 사용된다.
  - 내장 : 간, 콩팥, 허파, 대장, 소장 등
  - 부산물 : 뼈, 껍질 등
  - 육류조리 평가 시 완성된 육류요리의 색깔과 맛, 풍미, 온도는 다양한 조리방법과 식재료 특성이 상이하여 하나로 된 기준으로 표현하기 어렵다.(각각의 육류조리는 관능평가 기준에 따른다.)

- 이 능력단위는 더운요리 부문에 해당한다.

(2) 평가 시 고려사항

- 수행준거에 제시되어 있는 내용을 성공적으로 수행할 수 있는지를 평가해야 한다.
- 평가자는 다음 사항을 평가할 수 있다.
  - 조리복, 조리모, 조리안전화 착용 및 개인위생 준수 능력
  - 조리 후 정리정돈 능력
  - 조리작업에 필요한 안전관리를 적용할 수 있는 능력

능력단위 요소	수 행 준 거
	【기 술】 o 가스레인지 화력 조작과 시간조절 능력 o 냉장·냉동고 관리 능력 o 메뉴에 따른 부재료, 소스를 조리할 수 있는 능력 o 삶아 익힌 면을 적절하게 처리할 수 있는 능력 o 속을 채운 파스타조리 능력 o 적정한 상태의 파스타조리 능력 【태 도】 o 반복훈련 o 안전사항 준수 o 위생사항 준수 o 인내력 o 정확성 o 조리기기 상태 관찰 o 준비상태 확인
1301010209_16v3.3 파스타요리 완성하기	3.1 1인분의 양을 조절하여 제공할 수 있다. 3.2 주재료에 어울리는 가니쉬(Garnish)를 제공할 수 있다. 3.3 파스타 종류에 알맞은 그릇에 담아 제공할 수 있다. 3.4 마무리된 음식의 색깔과 맛, 풍미, 온도를 통해 음식의 품질을 평가할 수 있다.
	【지 식】 o 메뉴에 따른 양 조절법 o 메뉴에 따른 파스타조리법 o 부재료 선택법 o 완성된 요리를 담는 푸드스타일 방법 o 지정된 색, 맛, 풍미, 온도를 유지하는 방법 【기 술】 o 곁들임 선택, 조리 능력 o 냉장·냉동고 관리 능력 o 색깔과 맛, 풍미, 온도를 고려한 제공 능력 o 파스타에 따른 그릇 선택 능력 o 파스타의 양, 색, 맛을 좋은 품질로 만드는 능력 【태 도】 o 반복훈련 o 안전사항 준수 o 위생사항 준수 o 인내력 o 정확성 o 조리기기 상태 관찰 o 준비상태 확인

적용범위 및 작업상황

(1) 고려사항

- 이 능력단위가 다루는 요리의 범위에는 다음이 포함된다.
  - 면 형태의 파스타
  - 여러 형태의 파스타 : 라자냐Lasagna, 라비올리Ravioli, 까네로니Cannelloni, 뇨끼Gnocchi, 리조또Risotto 등
  - 파스타소스 : 오일과 버터를 기초로 한 단순소스, 크림베이스 파스타소스, 해산물소스, 채소소스, 고기소스, 토마토소스 등
- 면 종류별 삶는 시간 : 스파게티(8분), 라자냐(7분), 라비올리(8분), 까네로니(7분), 뇨끼(5분)
- 건면파스타Dry Pasta : 밀가루와 물 등을 사용하여 만든 후 건조시킨 파스타
- 생면파스타Fresh Pasta : 밀가루와 물 등을 사용하여 직접 만든 파스타
- 인스턴트파스타Instant Pasta : 공장에서 대량생산된 건면 형태의 파스타
- 이 능력단위는 더운요리 부문에 해당한다.

(2) 평가 시 고려사항

- 수행준거에 제시되어 있는 내용을 성공적으로 수행할 수 있는지를 평가해야 한다.
- 평가자는 다음 사항을 평가할 수 있다.
  - 조리복, 조리모, 조리안전화 착용 및 개인위생 준수 능력
  - 위생적인 조리과정
  - 조리 후 정리정돈 능력
  - 조리작업에 필요한 안전관리를 적용할 수 있는 능력
  - 반죽의 되직한 정도
  - 면의 굵기
  - 재료의 전처리, 준비과정의 적정성
  - 파스타의 접시담기 규칙 준수여부
  - 주재료에 따른 부재료, 가니쉬 제공의 적정성
  - 파스타와 소스 조리과정의 적정성
  - 파스타와 소스 조리절차 요구사항, 주의사항에 대한 이해정도
  - 보관과 유지방법에 대한 이해와 해당과정의 적정성
  - 색, 맛, 풍미, 온도를 고려한 음식제공의 적정성

실무평가

평가영역		평 가 문 항	매우 미흡	미흡	보통	우수	매우 우수
양식 파스타 조리	파스타재료 준비하기	· 파스타 재료를 계량하여 손으로 반죽할 수 있다.	①	②	③	④	⑤
		· 원하는 모양으로 만든 면발이 서로 엉겨 붙지 않도록 처리할 수 있다.	①	②	③	④	⑤
		· 파스타에 필요한 부재료, 소스재료를 준비할 수 있다.	①	②	③	④	⑤
		· 피스디 조리에 필요한 주방도구(Kitchen Utensil)를 준비할 수 있다.	①	②	③	④	⑤
	파스타 조리하기	· 면의 종류에 따라 끓는 물에 삶아 낼 수 있다.	①	②	③	④	⑤
		· 속을 채운 파스타의 경우, 터지지 않게 삶을 수 있다.	①	②	③	④	⑤
		· 삶아 익힌 면은 물기를 제거한 후 달라붙지 않게 조리할 수 있다.	①	②	③	④	⑤
		· 파스타의 종류에 따라 부재료와 소스를 선택하여 조리할 수 있다.	①	②	③	④	⑤
	파스타요리 완성하기	· 1인분의 양을 조절하여 제공할 수 있다.	①	②	③	④	⑤
		· 주재료에 어울리는 가니쉬(Garnish)를 제공할 수 있다.	①	②	③	④	⑤
		· 파스타 종류에 알맞은 그릇에 담아 제공할 수 있다.	①	②	③	④	⑤
		· 마무리된 음식의 색깔과 맛, 풍미, 온도를 통해 음식의 품질을 평가할 수 있다.	①	②	③	④	⑤

11) 양식 조식조리

- 분류번호 : 1301010210_16v3
- 능력단위 명칭 : 양식 조식조리
- 능력단위 정의 : 양식 조식조리는 어패류 · 육류 · 채소류 · 유제품류 · 가공식품류를 활용하여 조식 등에 사용되는 각종 조식요리를 조리하는 능력이다.

능력단위 요소	수 행 준 거
11301010210_16v3.1 달걀조리하기	1.1 달걀요리에 맞는 재료를 준비할 수 있다. 1.2 달걀조리에 필요한 주방도구(Kitchen Utensil)를 준비할 수 있다. 1.3 달걀과 부재료를 사용하여 달걀요리 종류에 맞게 조리할 수 있다. 1.4 메뉴의 조리법에 따라 알맞은 부재료를 사용하여 완성할 수 있다. 1.5 마무리된 음식의 색깔과 맛, 풍미, 온도를 통해 음식의 품질을 평가할 수 있다. 【지 식】 ○ 달걀의 특성과 용도 ○ 주재료 용도별 칼, 도마 사용법 ○ 부재료의 특징 ○ 메뉴에 따른 달걀조리법 ○ 메뉴의 맛과 풍미를 이끌어내는 부재료 선택법 ○ 제공기물 선택법 ○ 지정된 색, 맛, 풍미, 온도 유지방법

능력단위 요소	수 행 준 거
	【기 술】 o 가스레인지, 오븐 조작 능력 o 냉장·냉동고 관리 능력 o 부재료를 용도에 맞게 준비할 수 있는 능력 o 신선한 달걀 선별 능력 o 부재료를 조리할 수 있는 능력 o 오믈렛 조리 시 속재료 넣어 터지지 않게 하는 능력 o 적정한 상태로 달걀조리 할 수 있는 능력 o 메뉴에 따른 달걀조리법 o 메뉴의 맛과 풍미를 이끌어내는 부재료 선택법 o 제공기물 선택법 o 지정된 색, 맛, 풍미, 온도 유지방법 【태 도】 o 반복훈련 o 안전사항 준수 o 위생사항 준수 o 인내력 o 정확성 o 조리기기 상태 관찰 o 준비상태 확인
1301010210_16v3.2 조찬용 빵류 조리하기	2.1 조찬용 빵류 조리에 맞는 재료를 준비할 수 있다. 2.2 조찬용 빵류 조리에 필요한 주방도구(Kitchen Utensil)를 준비할 수 있다. 2.3 조찬용 빵 재료와 부재료를 사용하여 조찬용 빵 종류에 맞게 조리할 수 있다. 2.4 메뉴의 조리법에 따라 알맞은 부재료를 사용하여 완성할 수 있다. 2.5 마무리된 음식의 색깔과 맛, 풍미, 온도를 통해 음식의 품질을 평가할 수 있다.
	【지 식】 o 조찬용 빵의 특성과 용도 o 메뉴에 따른 조찬용 빵류 조리방법 o 부재료의 특징 【기 술】 o 냉장·냉동고 관리 능력 o 프렌치토스트(French Toast)를 조리할 수 있는 능력 o 팬케이크(Pancake)를 조리할 수 있는 능력 o 와플(Waffle)을 조리할 수 있는 능력 【태 도】 o 반복훈련 o 안전사항 준수 o 위생사항 준수 o 인내력 o 정확성 o 조리기기 상태 관찰 o 준비상태 확인

능력단위 요소	수 행 준 거
1301010210_16v3.3 시리얼류 조리하기	3.1 시리얼류 요리에 맞는 재료를 준비할 수 있다. 3.2 시리얼류 조리에 필요한 주방도구(Kitchen Utensil)를 준비할 수 있다. 3.3 시리얼류와 부재료를 사용하여 시리얼류 요리 종류에 맞게 조리할 수 있다. 3.4 메뉴의 조리법에 따라 알맞은 부재료를 사용하여 완성할 수 있다. 3.5 마무리된 음식의 색깔과 맛, 풍미, 온도를 통해 음식의 품질을 평가할 수 있다.
	【지 식】 ㅇ 더운 시리얼류와 찬 시리얼류 종류와 특징 ㅇ 메뉴의 맛과 풍미를 이끌어내는 부재료 선택법 ㅇ 더운 시리얼류와 찬 시리얼류의 조리법 ㅇ 제공기물 선택법 ㅇ 지정된 색, 맛, 풍미, 온도유지 방법 【기 술】 ㅇ 메뉴에 따라 달걀을 조리할 수 있는 능력 ㅇ 부재료를 활용할 수 있는 조리능력 ㅇ 제공기물을 선택할 수 있는 능력 ㅇ 지정된 색, 맛, 풍미, 온도유지 능력 【태 도】 ㅇ 반복훈련 ㅇ 안전사항 준수 ㅇ 위생사항 준수 ㅇ 인내력 ㅇ 정확성 ㅇ 조리기기 상태 관찰 ㅇ 준비상태 확인

적용범위 및 작업상황

(1) 고려사항

- 이 능력단위가 다루는 요리의 범위에는 다음이 포함된다.
  - 달걀요리Egg : 포치드 에그Poached Egg, 삶은 달걀Boiled Egg, 달걀프라이Fried Egg, 스크램블 에그Scrambled Egg, 오믈렛Omelet, 수플레Souffle, 에그 베네딕틴Egg Benedictine
  - 조식용 빵Breakfast Breads : 프렌치토스트French Toast, 계피향 토스트Cinamon Toast, 팬케이크Pancake, 와플Waffle
  - 시리얼류Cereals : 오트밀Oatmeal, 버처 무슬리Bircher Muesli

- 조리용어
  - 써니 사이드 업Sunny Side Up : 달걀의 한 쪽면만 살짝 익히고 노른자는 반숙으로 조리

- 오버 이지Over Easy : 달걀의 양쪽 면을 살짝 익히고 노른자는 깨뜨리지 않게 조리
- 오버 미디엄Over Medium : 달걀의 양쪽 면을 적당히 익히게 조리
- 오버 하드Over Hard: 달걀의 양쪽 면을 완전히 익히게 조리
- 스크램블 에그Scrambled Egg : 달걀을 믹싱볼에 깨뜨려 넣고 우유나 생크림을 혼합하여 거품기로 잘 섞은 후, 프라이팬에 오일을 두르고 가열한 후에 달걀을 넣고 휘저어 익히게 조리
- 보일드 에그Boiled Egg : 냄비에 물과 소량의 소금과 식초를 넣은 후 달걀을 통째로 삶는 조리
- 오믈렛Omelet : 달걀을 믹싱볼에 깨뜨려 준비하고 프라이팬에 넣어 달걀을 럭비볼 모양으로 조리
- 에그 베네딕틴Egg Benedictine : 토스트한 잉글리시 머핀 위에 햄과 수란 2알을 올려놓고 홀랜다이즈소스를 끼얹어 살라만더에 연갈색으로 구워내는 요리
- 프렌치토스트French Toast : 샌드위치 빵을 달걀물(달걀, 우유, 설탕, 바닐라향 등)에 적셔 그릴 또는 프라이팬에 색을 내 오븐에서 익혀낸 것
- 시리얼류Cereals : 시리얼류는 쌀, 귀리, 밀, 옥수수, 기장 등으로 만든 곡물요리로, 더운 시리얼과 찬 시리얼이 있음

● 신선한 달걀 선택 : 달걀의 껍질이 거칠고 반점이 없는 것. 비세척란으로 냉장 보관된 달걀(세척 후 조리한다.)

● 이 능력단위는 조찬부에 해당한다.

(2) 평가 시 고려사항

● 수행준거에 제시되어 있는 내용을 성공적으로 수행할 수 있는지를 평가해야 한다.

● 평가자는 다음 사항을 평가할 수 있다.

- 조리복, 조리모 착용 및 개인위생 준수 능력
- 위생적인 조리과정
- 조리 후 정리정돈 능력
- 조리작업에 필요한 안전관리를 적용할 수 있는 능력
- 레시피에 따른 조식조리의 준비, 취급과정
- 조리 결과물의 완전성, 적정성
- 뒤집기 기술
- 레시피에 따른 조식조리의 준비, 취급과정의 적정성
- 조리과정의 적정성(화력과 시간의 조절)
- 조식요리 접시담기 규칙 준수 여부
- 조식요리 조리절차와 요구사항, 주의사항에 대한 이해정도

실무평가

평가영역		평 가 문 항	매우 미흡	미흡	보통	우수	매우 우수
양식 조식 조리	달걀 조리하기	• 달걀요리에 맞는 재료를 준비할 수 있다.	①	②	③	④	⑤
		• 달걀조리에 필요한 주방도구(Kitchen Utensil)를 준비할 수 있다.	①	②	③	④	⑤
		• 달걀과 부재료를 사용하여 달걀요리 종류에 맞게 조리할 수 있다.	①	②	③	④	⑤
		• 메뉴의 조리법에 따라 알맞은 부재료를 사용하여 완성할 수 있다.	①	②	③	④	⑤
		• 마무리된 음식의 색깔과 맛, 풍미, 온도를 통해 음식의 품질을 평가할 수 있다.	①	②	③	④	⑤
	조찬용 빵류 조리하기	• 조찬용 빵류 조리에 맞는 재료를 준비할 수 있다.	①	②	③	④	⑤
		• 조찬용 빵류 조리에 필요한 주방도구(Kitchen Utensil)를 준비할 수 있다.	①	②	③	④	⑤
		• 조찬용 빵 재료와 부재료를 사용하여 조찬용 빵 종류에 맞게 조리할 수 있다	①	②	③	④	⑤
		• 메뉴의 조리법에 따라 알맞은 부재료를 사용하여 완성할 수 있다.	①	②	③	④	⑤
		• 마무리된 음식의 색깔과 맛, 풍미, 온도를 통해 음식의 품질을 평가할 수 있다.	①	②	③	④	⑤
	시리얼류 조리하기	• 시리얼류 요리에 맞는 재료를 준비할 수 있다.	①	②	③	④	⑤
		• 시리얼류 조리에 필요한 주방도구(Kitchen Utensil)를 준비할 수 있다.	①	②	③	④	⑤
		• 시리얼류와 부재료를 사용하여 시리얼류 요리 종류에 맞게 조리할 수 있다.	①	②	③	④	⑤
		• 메뉴의 조리법에 따라 알맞은 부재료를 사용하여 완성할 수 있다.	①	②	③	④	⑤
		• 마무리된 음식의 색깔과 맛, 풍미, 온도를 통해 음식의 품질을 평가할 수 있다.	①	②	③	④	⑤

WESTERN COOKING
PRACTICE
NCS

실기편(기능사)

Brown Stock / Brown Gravy Sauce

Caesar Salad / Hollandaise Sauce

Italian Meat Sauce / Tartar Sauce

Thousand Island Dressing / Potato Cream Soup

Potato Cream Soup / Fish Chowder Soup

Beef Consomme Soup / French Onion Soup

Minestrone Soup / Shrimp Canape

French Fried Shrimp / Smoked Salmon Roll with Vegetables

Tuna Tartar with Salad Bouquet and Vegetable Vinaigrette

Bacon, Lettuce, Tomato Sandwich / Hamburger Sandwich

Waldorf Salad / Potato Salad

Seafood Salad / Fish Meuniere

Sole Mornay / Chicken A´la King

Chicken Cutlet / Beef Stew

Salisbury Steak / Sirloin Steak

Barbecued Pork Chop / Spaghetti Carbonara

Seafood Spaghetti Tomato Sauce / Spanish Omelet

Cheese Omelet

공통의 수험자 유의사항

※ 다음과 같은 경우에는 채점대상에서 제외된다.

- 시험시간 내에 과제 두 가지를 제출하지 못한 경우 : 미완성
- 시험시간 내에 제출된 과제라도 다음과 같은 경우
  - 문제의 요구사항대로 작품의 수량이 만들어지지 않은 경우 : 미완성
  - 해당과제의 지급재료 이외의 재료를 사용한 경우 : 오작
  - 구이를 찜으로 조리하는 등과 같이 조리방법을 다르게 한 경우 : 오작
  - 불을 사용하여 만든 조리작품이 작품 특성에 벗어나는 정도로 타거나 익지 않은 경우 : 실격
  - 가스레인지 화구 2개 이상 사용한 경우 : 실격
  - 시험 중 시설 · 장비(칼, 가스레인지 등) 사용 시 감독위원 및 타 수험자의 시험진행에 위협이 될 것으로 감독위원 전원이 합의하여 판단한 경우 : 실격

※ 항목별 배점은 위생상태 및 안전관리 5점, 조리기술 30점, 작품의 평가 15점이다.

요구사항

주어진 재료를 사용하여 다음과 같이 '브라운스톡'을 만드시오.

1 스톡은 맑고 갈색이 되도록 하시오.
2 소뼈는 찬물에 담가 핏물을 제거한 후 구워서 사용하시오.
3 향신료로 사세 데피스를 만들어 사용하시오.
4 완성된 스톡의 양이 200㎖ 정도 되도록 하여 볼에 담아내시오.

수험자 유의사항

1 불조절에 유의한다.
2 스톡이 끓을 때 생기는 거품을 걷어내야 한다.
3 조리작품 만드는 순서는 틀리지 않게 하여야 한다.
4 숙련된 기능으로 맛을 내야 하므로 조리작업 시 음식의 맛을 보지 않는다.
5 지정된 수험자 지참준비물 이외의 조리기구나 재료를 시험장 내에 지참할 수 없다.
6 지급재료는 시험 전 확인하여 이상이 있을 경우, 시험위원으로부터 조치를 받고 시험 도중에는 재료의 교환 및 추가지급은 하지 않는다.

브라운스톡
Brown Stock

재료 및 분량

소뼈(2~3㎝ 정도 자른 것) 150g
양파(중, 150g 정도) ½개
당근(둥근 모양이 유지되게 등분) 40g
셀러리 30g
검은 통후추 4개
토마토(중, 150g 정도) 1개
파슬리(잎, 줄기 포함) 1줄기
월계수잎 1잎
정향 1개
버터(무염) 5g
식용유 50㎖
면실 30㎝

만드는 법

1 소뼈는 찬물에 담가 핏물을 뺀 다음, 끓는 물에 데친 후 갈색이 나도록 팬에 굽는다.
2 파슬리는 깨끗이 씻어 물에 담그고, 양파, 셀러리, 당근은 채 썰어준다.
3 토마토는 칼집을 넣고 데쳐 껍질과 씨를 제거하고 다진다.
4 양파, 셀러리, 당근을 갈색이 나도록 팬에 볶는다.
5 소스팬에 소뼈, 양파, 셀러리, 당근을 넣고 찬물을 부어 끓여준다. 토마토, 부케가르니(파슬리줄기, 월계수잎, 정향, 통후추)를 넣고 끓여준다.
6 불을 조절하여 약한 불에서 계속 끓이고, 거품과 기름을 수시로 걷어낸다.
7 적절한 색과 맛이 우러나면 소창에 걸러 200㎖를 담아 낸다.

Cooking Tip

• 스톡의 색을 맑게 하기 위하여 뚜껑을 열고 끓인다.
• 소금, 후추를 넣지 않는다.

요구사항

주어진 재료를 사용하여 다음과 같이 '브라운 그래비소스'를 만드시오.

1 브라운 루(Brown Roux)를 만들어 사용하시오.
2 완성된 작품의 양은 200㎖ 정도를 만드시오.

수험자 유의사항

1 브라운 루(Brown Roux)가 타지 않도록 한다.
2 소스의 농도에 유의한다.
3 조리작품 만드는 순서는 틀리지 않게 하여야 한다.
4 숙련된 기능으로 맛을 내야 하므로 조리작업 시 음식의 맛을 보지 않는다.
5 지정된 수험자 지참준비물 이외의 조리기구나 재료를 시험장 내에 지참할 수 없다.
6 지급재료는 시험 전 확인하여 이상이 있을 경우, 시험위원으로부터 조치를 받고 시험 도중에는 재료의 교환 및 추가지급은 하지 않는다.

브라운그래비소스

Brown Gravy Sauce

시험시간(분)

재료 및 분량

밀가루(중력분) 20g
브라운스톡(물로 대체 가능) 300㎖
소금(정제염) 2g
검은 후춧가루 1g
버터(무염) 30g
양파(중, 150g 정도) 1/6개
셀러리 20g
당근(둥근 모양이 유지되게 등분) 40g
토마토 페이스트 30g
월계수잎 1잎
정향 1개

만드는 법

1 양파, 셀러리, 당근은 채를 썰어, 팬에 버터를 두르고 색깔이 나도록 충분히 볶는다.
2 소스팬에 버터를 넣고 가열하여 밀가루를 넣고 볶아서 브라운 루를 만든다.
3 2에 토마토 페이스트를 넣고 충분히 볶다가 육수, 부케가르니(월계수잎, 정향)를 넣어 끓인다.
4 충분히 끓어오르면 거품을 제거하고, 농도를 맞춘다.
5 농도를 맞춘 후 체에 거르고, 다시 냄비에 소스를 끓여 소금, 후추로 맛을 조절하여 소스볼에 담는다.

Cooking Tip

- 토마토 페이스트는 충분히 볶아주어야 신맛을 제거할 수 있다.
- 루(Roux)가 덩어리지지 않게 불조절에 유의한다.

요구사항

주어진 재료를 사용하여 다음과 같이 '시저샐러드'를 만드시오.

1 달걀노른자, 카놀라오일, 레몬즙, 디존 머스터드, 화이트와인식초를 사용하여 마요네즈를 만드시오.
2 마요네즈를 기본으로 하여 시저드레싱을 만드시오.
3 파미지아노 레기아노는 강판이나 채칼을 사용하시오.
4 로메인 상추, 곁들임(크루통, 파미지아노 레기아노, 베이컨), 시저드레싱을 사용하여 시저샐러드를 만들어 전량 제출하시오.
5 완성된 마요네즈와 시저드레싱은 별도의 그릇에 담아 각 100g 정도씩 제출하시오.

수험자 유의사항

1 마요네즈와 시저드레싱은 별도 제출해야 하므로 만드는 양에 유의한다.
2 숙련된 기능으로 맛을 내야 하므로 조리작업 시 음식의 맛을 보지 않는다.
3 지정된 수험자 지참준비물 이외의 조리기구나 재료를 시험장 내에 지참할 수 없다.
4 지급재료는 시험 전 확인하여 이상이 있을 경우, 시험위원으로부터 조치를 받고 시험 도중에는 재료의 교환 및 추가지급은 하지 않는다.

시저샐러드

Caesar Salad

시험시간(분)

재료 및 분량

달걀(60g 정도) 2개
디존 머스터드 20g
레몬 1개
로메인상추 80g
마늘 2쪽
베이컨 15g
앤초비 3개
올리브오일(엑스트라 버진) 40㎖
카놀라오일 400㎖
식빵(슬라이스) 1개
검은 후춧가루 5g
파미지아노 레기아노(덩어리) 20g
화이트와인식초 20㎖
소금 10g

만드는 법

1 달걀노른자를 포집하면서 레몬즙, 디존 머스터드, 화이트와인식초, 카놀라오일을 넣어가며 마요네즈를 만든다.
2 마요네즈에 곱게 다진 마늘과 앤초비, 검은 후춧가루, 파미지아노 레기아노, 올리브오일, 디존 머스터드, 레몬즙을 넣고 잘 섞어서 시저드레싱을 만든다.
3 로메인상추를 시저드레싱에 잘 버무려 접시에 담고, 식빵으로 만든 크루통, 크리스피하게 구운 베이컨, 파미지아노 레기아노를 곁들여 장식한다.

Cooking Tip

- 엔초비는 멸치젓을 생선을 소금에 절여 올리브유에 담근 서양식 젓갈이다.
'시저 까르디니라'는 유명한 요리사의 이름을 따서 시저샐러드라고 부르게 되었다.

요구사항

주어진 재료를 사용하여 다음과 같이 '홀렌다이즈소스'를 만드시오.

1 양파, 식초를 이용하여 허브에센스를 만들어 사용하시오.
2 정제버터를 만들어 사용하시오.
3 소스는 중탕으로 만들어 굳지 않게 그릇에 담아내시오.

수험자 유의사항

1 소스의 농도에 유의한다.
2 조리작품 만드는 순서는 틀리지 않게 하여야 한다.
3 숙련된 기능으로 맛을 내야 하므로 조리작업 시 음식의 맛을 보지 않는다.
4 지정된 수험자 지참준비물 이외의 조리기구나 재료를 시험장 내에 지참할 수 없다.
5 지급재료는 시험 전 확인하여 이상이 있을 경우, 시험위원으로부터 조치를 받고 시험 도중에는 재료의 교환 및 추가지급은 하지 않는다.

홀렌다이즈소스
Hollandaise Sauce

25
시험시간(분)

재료 및 분량

달걀 1개
양파(중, 150g 정도) ⅛개
식초 10㎖
검은 통후추 3개
버터(무염) 100g
레몬(길이(장축)로 등분) ¼개
월계수잎 1잎
파슬리(잎, 줄기 포함) 1줄기
소금(정제염) 2g
흰 후춧가루 1g

만드는 법

1 버터를 용기에 담아 중탕으로 녹인다.
2 냄비에 물 ½컵, 양파 슬라이스, 레몬주스, 파슬리줄기, 월계수잎, 통후추 으깬 것, 식초를 넣고 반(50cc) 정도 조린 다음 소창에 걸러낸다.
3 따뜻한 냄비 위에 달걀노른자만 넣은 그릇을 올리고, 거품기를 이용하여 풀어주고 허브에센스를 넣어준다.
4 정제버터를 한 방울씩 넣어가며 거품기를 저어준 후 레몬즙, 소금, 흰 후춧가루를 넣고 완성하여 소스볼에 담아 낸다.

Cooking Tip

- 정제버터와 중탕한 달걀노른자와 온도가 같아야 분리되지 않는다.
- 중탕에서 달걀노른자가 익지 않게 유의한다.

요구사항

주어진 재료를 사용하여 다음과 같이 '이탈리안 미트소스'를 만드시오.

1 모든 재료는 다져서 사용하시오.

2 그릇에 담고 파슬리 다진 것을 뿌려내시오.

수험자 유의사항

1 소스의 농도에 유의한다.

2 조리작품 만드는 순서는 틀리지 않게 하여야 한다.

3 숙련된 기능으로 맛을 내야 하므로 조리작업 시 음식의 맛을 보지 않는다.

4 지정된 수험자 지참준비물 이외의 조리기구나 재료를 시험장 내에 지참할 수 없다.

5 지급재료는 시험 전 확인하여 이상이 있을 경우, 시험위원으로부터 조치를 받고 시험 도중에는 재료의 교환 및 추가지급은 하지 않는다.

이탈리안미트소스

Italian Meat Sauce

시험시간(분)

재료 및 분량

양파(중, 150g 정도) ½개
소고기(살코기, 갈은 것) 60g
마늘(중, 깐 것) 1쪽
캔 토마토(고형물) 30g
버터(무염) 10g
토마토 페이스트 30g
월계수잎 1잎
파슬리(잎, 줄기 포함) 1줄기
소금(정제염) 2g
검은 후춧가루 2g
셀러리 30g

만드는 법

1 파슬리는 물에 담그고, 토마토는 껍질과 씨를 제거하여 다진다.
2 양파, 마늘, 셀러리를 곱게 다진다.
3 소고기를 다시 다져 핏물을 제거한다.
4 냄비에 버터를 두르고 양파, 마늘을 넣어 볶다가 소고기, 셀러리 순으로 볶는다.
5 4에 토마토 페이스트를 넣고 볶은 후 물을 1컵 넣고 토마토 다진 것과 파슬리줄기, 월계수잎을 넣고 끓인다.
6 거품을 거두면서 중불로 끓여 적절한 농도가 되면 소금, 후추로 간을 한다.
7 파슬리줄기, 월계수잎을 건져내고, 소스볼에 담아 가운데에 파슬리가루를 뿌린다.

Cooking Tip

- 고기를 볶을 때 덩어리지지 않도록 유의한다.
- 이탈리안 미트소스는 주로 스파게티 요리에 함께 내는 소스이다.

요구사항

주어진 재료를 사용하여 다음과 같이 '타르타르소스'를 만드시오.

1 모든 재료를 0.2㎝ 정도의 크기로 다지시오.

2 소스의 농도를 잘 맞추시오.

수험자 유의사항

1 소스의 농도가 너무 묽거나 되지 않아야 한다.

2 채소의 물기 제거에 유의한다.

3 조리작품 만드는 순서는 틀리지 않게 하여야 한다.

4 숙련된 기능으로 맛을 내야 하므로 조리작업 시 음식의 맛을 보지 않는다.

5 지정된 수험자 지참준비물 이외의 조리기구나 재료를 시험장 내에 지참할 수 없다.

6 지급재료는 시험 전 확인하여 이상이 있을 경우, 시험위원으로부터 조치를 받고 시험 도중에는 재료의 교환 및 추가지급은 하지 않는다.

타르타르소스

Tartar Sauce

시험시간(분)

재료 및 분량

마요네즈 70g
오이피클(개당 25~30g짜리) ½개
양파(중, 150g 정도) 1/10개
파슬리(잎, 줄기 포함) 1줄기
달걀 1개
소금(정제염) 2g
흰 후춧가루 2g
레몬(길이(장축)로 등분) ¼개
식초 2㎖

만드는 법

1 피클, 양파, 파슬리를 곱게 다진다.
2 삶은 달걀도 흰자, 노른자를 각각 곱게 다진다.
3 다진 양파는 소금에 살짝 절인 다음, 물에 씻어 소창에 넣어 물기를 제거한다.
4 마요네즈에 다져 놓은 재료를 모두 넣어 잘 섞는다.
5 레몬즙, 식초, 소금, 흰 후춧가루로 간을 맞춘 다음, 소스볼에 담아 파슬리를 뿌린다.

Cooking Tip

- 소스의 농도에 유의하여 만든다.
- 타르타르소스는 새우튀김이나 생선요리 등에 함께 내는 소스이다.

요구사항

주어진 재료를 사용하여 다음과 같이 '사우전드아일랜드드레싱'을 만드시오.

1 드레싱은 핑크빛이 되도록 하시오.

2 다지는 재료는 0.2㎝ 정도의 크기로 하시오.

수험자 유의사항

1 다진 재료의 물기를 제거한다.

2 조리작품 만드는 순서는 틀리지 않게 하여야 한다.

3 숙련된 기능으로 맛을 내야 하므로 조리작업 시 음식의 맛을 보지 않는다.

4 지정된 수험자 지참준비물 이외의 조리기구나 재료를 시험장 내에 지참할 수 없다.

5 지급재료는 시험 전 확인하여 이상이 있을 경우, 시험위원으로부터 조치를 받고 시험 도중에는 재료의 교환 및 추가지급은 하지 않는다.

사우전드아일랜드드레싱

Thousand Island Dressing

시험시간(분)

재료 및 분량

마요네즈 70g
오이피클(개당 25~30g 짜리) ½개
양파(중, 150g 정도) ⅙개
토마토케첩 20g
소금(정제염) 2g
흰 후춧가루 1g
레몬(길이(장축)로 등분) ¼개
달걀 1개
청피망(중, 75g 정도) ¼개
식초 2㎖

만드는 법

1 피클, 양파, 청피망, 파슬리를 곱게 다진다.
2 삶은 달걀도 흰자, 노른자를 각각 곱게 다진다.
3 다진 양파는 소금에 살짝 절인 다음, 물에 씻어 소창에 넣어 물기를 제거한다.
4 마요네즈에 다져 놓은 재료를 모두 넣어 잘 섞은 후, 케첩을 섞어 핑크빛이 되도록 색을 조절한다.
5 레몬즙, 식초, 소금, 흰 후춧가루로 간을 맞춘 다음 소스볼에 담아 낸다.

Cooking Tip

- 농도는 레몬주스로 조절한다. 레몬주스가 없을 경우 레몬즙이나 식초로 대체할 수 있다.
- 마요네즈와 케첩의 비율은 약 3:1로 조절한다.

요구사항

주어진 재료를 사용하여 다음과 같이 '포테이토 크림수프'를 만드시오.

1 완성된 수프의 양이 200㎖ 정도 되도록 하시오.
2 수프의 색과 농도를 맞추시오.
3 크루통(Crouton)의 크기는 사방 0.8~1㎝ 정도로 만들어 버터에 볶아 수프에 띄우시오.

수험자 유의사항

1 수프의 농도를 잘 맞추어야 한다.
2 수프를 끓일 때 생기는 거품을 걷어내야 한다.
3 조리작품 만드는 순서는 틀리지 않게 하여야 한다.
4 숙련된 기능으로 맛을 내야 하므로 조리작업 시 음식의 맛을 보지 않는다.
5 지정된 수험자 지참준비물 이외의 조리기구나 재료를 시험장 내에 지참할 수 없다.
6 지급재료는 시험 전 확인하여 이상이 있을 경우, 시험위원으로부터 조치를 받고 시험 도중에는 재료의 교환 및 추가지급은 하지 않는다.

포테이토크림수프

Potato Cream Soup

시험시간(분)

재료 및 분량

감자(200g 정도) 1개
대파(흰부분, 10㎝ 정도) 1토막
양파(중, 150g 정도) ¼개
버터(무염) 15g
치킨스톡(물로 대체 가능) 270㎖
생크림(조리용) 20g
식빵(샌드위치용) 1조각
소금(정제염) 2g
흰 후춧가루 1g
월계수잎 1잎

만드는 법

1 감자는 손질하여 채를 썰어 물에 담근다.
2 식빵은 사방 1㎝로 잘라 버터에 볶아 크루통(Crouton)을 만든다.
3 양파와 대파는 얇게 썰어 냄비에 버터를 넣고 감자와 함께 볶는다.
4 3에 육수를 붓고 부케가르니와 함께 뚜껑을 덮어 푹 끓인다.
5 중간에 불순물을 제거하고, 부케가르니도 건진다.
6 감자가 충분히 무르면 체에 내려 냄비에 다시 넣고 끓이면서 농도를 맞춘다.
7 6에 생크림을 넣어 맛을 내고 소금, 흰 후춧가루로 간을 한다.
8 수프 볼에 담아내어 황금색의 크루통을 가운데에 띄운다.

Cooking Tip

• 적절한 불조절로 수프의 농도를 맞춘다.

요구사항

주어진 재료를 사용하여 다음과 같이 '피시차우더수프'를 만드시오.

1 차우더수프는 화이트 루(Roux)를 이용하여 농도를 맞추시오.
2 채소는 0.7cm×0.7cm×0.1cm, 생선은 1cm×1cm×1cm 정도 크기로 써시오.
3 완성된 수프는 200㎖ 정도로 내시오.

수험자 유의사항

1 피시스톡을 만들어 사용하고 수프는 흰색이 나와야 한다.
2 베이컨은 기름을 빼고 사용한다.
3 조리작품 만드는 순서는 틀리지 않게 하여야 한다.
4 숙련된 기능으로 맛을 내야 하므로 조리작업 시 음식의 맛을 보지 않는다.
5 지정된 수험자 지참준비물 이외의 조리기구나 재료를 시험장 내에 지참할 수 없다.
6 지급재료는 시험 전 확인하여 이상이 있을 경우, 시험위원으로부터 조치를 받고 시험 도중에는 재료의 교환 및 추가지급은 하지 않는다.

피시차우더수프

Fish Chowder Soup

시험시간(분)

재료 및 분량

대구살(해동 지급) 50g
감자(150g 정도) 1/5개
베이컨(길이 25~30㎝) 1/2조각
양파(중, 150g 정도) 1/6개
셀러리 30g
버터(무염) 20g
밀가루(중력분) 15g
우유 200㎖
소금(정제염) 2g
흰 후춧가루 2g
정향 1개
월계수잎 1잎

만드는 법

1 모든 채소와 베이컨은 0.7㎝×0.7㎝×0.1㎝로 자른다.
2 생선살은 1㎝의 주사위 모양으로 자른 후 생선스톡을 만든다.
3 팬을 달구어 베이컨을 볶다가 양파, 셀러리, 감자를 넣어 볶는다.
4 냄비에 버터와 밀가루를 넣고 화이트 루를 만들어 생선스톡을 부어 덩어리지지 않게 풀어준다.
5 4에 모든 재료와 우유를 넣고 끓이다가 생선살을 넣고 농도를 맞춘다.
6 완성되면 소금, 흰 후춧가루로 간을 하여 수프볼에 담아 낸다.

Cooking Tip

- 감자는 손질하여 미리 물에 담가두어야 수프의 색이 탁해지지 않는다

요구사항

주어진 재료를 사용하여 다음과 같이 '비프콩소메수프'를 만드시오.

1 어니언 브루리(Onion Brulee)를 만들어 사용하시오.
2 양파를 포함한 채소는 채 썰어 향신료, 소고기, 달걀흰자 머랭과 함께 섞어 사용하시오.
3 완성된 수프는 맑고 갈색이 되도록 하시오.
4 완성된 수프의 양은 200㎖ 정도 되도록 하시오.

수험자 유의사항

1 맑고 갈색의 수프가 되도록 불조절에 유의한다.
2 조리작품 만드는 순서는 틀리지 않게 하여야 한다.
3 숙련된 기능으로 맛을 내야 하므로 조리작업 시 음식의 맛을 보지 않는다.
4 지정된 수험자 지참준비물 이외의 조리기구나 재료를 시험장 내에 지참할 수 없다.
5 지급재료는 시험 전 확인하여 이상이 있을 경우, 시험위원으로부터 조치를 받고 시험 도중에는 재료의 교환 및 추가지급은 하지 않는다.

비프콩소메수프

Beef Consomme Soup

시험시간(분)

재료 및 분량

소고기(살코기, 갈은 것) 70g
양파(중, 150g 정도) 1개
당근(둥근 모양이 유지되게 등분) 40g
셀러리 30g
달걀 1개
소금(정제염) 2g
검은 후춧가루 2g
검은 통후추 1개
파슬리(잎, 줄기 포함) 1줄기
월계수잎 1잎
토마토(중, 150g 정도) ¼개
비프스톡(육수, 물로 대체 가능) 500㎖
정향 1개

만드는 법

1 양파, 셀러리, 당근을 곱게 채 썰고, 파슬리줄기를 준비한다.
2 소고기는 핏물을 제거한다.
3 토마토는 데쳐 껍질과 씨를 제거하여 다진다.
4 냄비에 양파를 볶아 어니언 브루리(Onion Brulee)를 만들어 육수를 넣는다.(육수가 없을 경우 물로 대신한다.)
5 달걀흰자는 거품을 내어 채소 썬 것과 소고기 간 것을 잘 섞는다.
6 4에 5를 넣고 도넛 모양을 만들어 월계수잎, 정향, 통후추를 넣은 후 토마토를 넣고 은근히 끓여준다.
7 완성되면 소창에 걸러 기름을 제거하고 소금, 후추로 간을 하여 수프볼에 담아 낸다.

Cooking Tip

- 뚜껑을 열고 끓인다.
- 양파는 진한 갈색을 내어 사용한다.
- 서양수프 중에 제일 맑은 수프이다.

요구사항

주어진 재료를 사용하여 다음과 같이 '프렌치어니언수프'를 만드시오.

1 양파는 5㎝ 크기의 길이로 일정하게 써시오.
2 바게트빵에 마늘버터를 발라 구워서 사용하시오.
3 완성된 수프의 양은 200㎖ 정도로 하시오.

수험자 유의사항

1 수프의 색깔이 갈색이 나도록 하여야 한다.
2 조리작품 만드는 순서는 틀리지 않게 하여야 한다.
3 숙련된 기능으로 맛을 내야 하므로 조리작업 시 음식의 맛을 보지 않는다.
4 지정된 수험자 지참준비물 이외의 조리기구나 재료를 시험장 내에 지참할 수 없다.
5 지급재료는 시험 전 확인하여 이상이 있을 경우, 시험위원으로부터 조치를 받고 시험 도중에는 재료의 교환 및 추가지급은 하지 않는다.

프렌치어니언수프

French Onion Soup

시험시간(분)

재료 및 분량

양파(중, 150g 정도) 1개
바게트빵 1조각
버터(무염) 20g
소금(정제염) 2g
검은 후춧가루 1g
파마산치즈 10g
백포도주 15㎖
마늘(중, 깐 것) 1쪽
파슬리(잎, 줄기 포함) 1줄기
맑은 스톡(비프스톡 또는 콩소메, 물로 대체 가능) 270㎖

만드는 법

1 양파는 5㎝ 길이로 곱게 채를 썬다.
2 버터에 다진 마늘, 다진 파슬리가루를 넣고 갈릭버터를 만들어 바게트빵 양면에 고루 바른 후, 엷은 갈색이 나도록 토스트한다.
3 소스팬에 버터를 두르고 양파를 넣어 중불에서 갈색이 나도록 소량의 콩소메 육수를 넣어가며 볶는다.
4 양파가 갈색이 나면 백포도주를 넣은 후 콩소메 육수를 넣고 파슬리줄기를 넣어 약한 불에서 은근하게 끓인다.
5 양파의 색과 맛이 잘 우러나면 파슬리줄기를 건지고 소금, 후추로 간을 맞춘다.
6 2의 바게트빵 위에 파마산치즈가루를 뿌린 후 안성된 수프 위에 올려준다.

Cooking Tip

- 양파를 최대한 얇게 썰어 타지 않게 볶는다.
- 수프는 갈색이 되면서도 맑게 끓여준다.

요구사항

주어진 재료를 사용하여 다음과 같이 '미네스트로니수프'를 만드시오.

1 채소는 사방 1.2㎝, 두께 0.2㎝ 정도로 써시오.
2 스트링빈스, 스파게티는 1.2㎝ 정도의 길이로 써시오.
3 국물과 고형물의 비율을 3:1로 하시오.
4 파슬리가루를 뿌리시오.

수험자 유의사항

1 수프의 색과 농도를 잘 맞추어야 한다.
2 조리작품 만드는 순서는 틀리지 않게 하여야 한다.
3 숙련된 기능으로 맛을 내야 하므로 조리작업 시 음식의 맛을 보지 않는다.
4 지정된 수험자 지참준비물 이외의 조리기구나 재료를 시험장 내에 지참할 수 없다.
5 지급재료는 시험 전 확인하여 이상이 있을 경우, 시험위원으로부터 조치를 받고 시험 도중에는 재료의 교환 및 추가지급은 하지 않는다.

미네스트로니수프

Minestrone Soup

시험시간(분)

재료 및 분량

양파(중, 150g 정도) ¼개
셀러리 30g
당근(둥근 모양이 유지되게 등분) 40g
무 10g
양배추 40g
버터(무염) 5g
스트링빈스(냉동, 채두 대체 가능) 2줄기
완두콩 5알
토마토(중, 150g 정도) ⅛개
스파게티 2가닥
토마토 페이스트 15g
파슬리(잎, 줄기 포함) 1줄기
베이컨(길이 25~30㎝) ½조각
마늘(중, 깐 것) 1쪽
소금(정제염) 2g
검은 후춧가루 2g
치킨스톡(물로 대체 가능) 200㎖
월계수잎 1잎
정향 1개

만드는 법

1 모든 채소는 사방 1.2㎝, 두께 0.2㎝로 자른다.
2 파슬리와 마늘은 곱게 다진다.
3 스트링빈스는 1.2㎝로 자르고, 스파게티는 삶아내어 찬물에 헹구어 1.2㎝로 자른다.
4 베이컨을 1.2㎝로 썰어 끓는 물에 데친다.
5 냄비에 버터를 녹이고, 다진 마늘을 볶다가 단단한 채소 순서로 볶은 후, 페이스트를 넣어 충분이 볶아준다.
6 5에 물을 부어 토마토, 부케가르니(월계수잎, 정향, 파슬리줄기)를 넣어 끓이면서 거품을 제거하고, 스트링빈스, 완두콩, 스파게티를 넣어 끓인 다음 부케가르니를 건져내고 소금, 후추로 간을 한다.
7 완성된 접시에 파슬리 찹을 뿌려 낸다.

Cooking Tip

- 수프와 고형물의 비율은, 3:1로 한다.
- 페이스트는 충분히 볶아야 신맛이 제거된다.
- 재료의 모양이 살아있도록 익힌다.

요구사항

주어진 재료를 사용하여 다음과 같이 '쉬림프카나페'를 만드시오.

1 새우는 내장을 제거한 후 미르포아(Mire-poix)를 넣고 삶아서 껍질을 제거하시오.
2 달걀은 완숙으로 삶아 사용하시오.
3 식빵은 직경 4㎝ 정도의 원형으로 하고 4개를 제출하시오.

수험자 유의사항

1 새우를 부서지지 않도록 하고 달걀 삶기에 유의한다.
2 식빵의 수분흡수에 유의한다.
3 조리작품 만드는 순서는 틀리지 않게 하여야 한다.
4 숙련된 기능으로 맛을 내야 하므로 조리작업 시 음식의 맛을 보지 않는다.
5 지정된 수험자 지참준비물 이외의 조리기구나 재료를 시험장 내에 지참할 수 없다.
6 지급재료는 시험 전 확인하여 이상이 있을 경우, 시험위원으로부터 조치를 받고 시험 도중에는 재료의 교환 및 추가지급은 하지 않는다.

쉬림프카나페

Shrimp Canape

시험시간(분)

재료 및 분량

새우(냉동 1팩당 40미) 4마리
식빵(샌드위치용,
제조일로부터 하루 경과한 것) 1조각
달걀 1개
파슬리(잎, 줄기 포함) 1줄기
버터(무염) 30g
토마토케첩 10g
소금(정제염) 5g
흰 후춧가루 2g
레몬(길이(장축)로 등분) 1/8개
당근(둥근 모양이 유지되게 등분) 15g
셀러리 15g
양파(중, 150g 정도) 1/8개
이쑤시개 1개

만드는 법

1 파슬리와 양상추를 찬물에 담근다.
2 새우를 깨끗이 씻어 머리와 내장을 제거한 후 끓는 물에 익혀 식힌 다음, 껍질을 제거한다.
3 식빵은 직경 4㎝의 원형으로 자른 후 토스트하여 버터를 발라준다.
4 달걀은 둥글게 노른자가 중심에 오도록 삶아, 껍질을 벗긴 후 원형으로 자른다.
5 버터를 바른 빵 위에 달걀, 새우 순으로 얹고, 새우 위에 케첩과 파슬리잎을 올려 장식한다.

Cooking Tip

- 새우를 데칠 때는 향채(Mire-poix)를 넣고 끓는 물에 데치면 맛이 좋다.
- 삶아 낸 새우는 식힌 후 껍질을 벗겨야 새우가 부서지지 않는다.
- 카나페는 애피타이저와 같은 뜻으로, 식전에 식욕을 돋우기 위하여 내는 요리이다.

요구사항

주어진 재료를 사용하여 다음과 같이 '프렌치프라이드쉬림프'를 만드시오.

1 새우를 구부러지지 않게 튀기시오.
2 새우튀김은 4개를 제출하시오.
3 레몬과 파슬리를 곁들이시오.

수험자 유의사항

1 새우는 꼬리쪽에서 1마디 정도만 껍질을 남긴다.
2 튀김반죽에 유의하고, 튀김의 색깔을 깨끗하게 한다.
3 조리작품 만드는 순서는 틀리지 않게 하여야 한다.
4 숙련된 기능으로 맛을 내야 하므로 조리작업 시 음식의 맛을 보지 않는다.
5 지정된 수험자 지참준비물 이외의 조리기구나 재료를 시험장 내에 지참할 수 없다.
6 지급재료는 시험 전 확인하여 이상이 있을 경우, 시험위원으로부터 조치를 받고 시험 도중에는 재료의 교환 및 추가지급은 하지 않는다.

프렌치프라이드쉬림프
French Fried Shrimp

25
시험시간(분)

재료 및 분량

새우(중하) 4마리
밀가루(중력분) 80g
백설탕 2g
달걀 1개
소금(정제염) 2g
흰 후춧가루 2g
식용유 500㎖
레몬(길이(장축)로 등분) ⅙개
파슬리(잎, 줄기 포함) 1줄기
냅킨(흰색, 기름제거용) 2장
이쑤시개 1개

만드는 법

1 새우는 깨끗이 씻어 이쑤시개를 이용하여 내장을 제거한다. 머리, 껍질을 제거하고 꼬리는 남긴 후에 배쪽에 2~3회 칼집을 넣어 마디를 끊어주고, 소금과 후추로 간을 한다.
2 달걀은 흰자, 노른자로 분리한 후 노른자에 찬물, 설탕, 밀가루를 넣고 가볍게 섞어 튀김반죽을 준비한다.
3 흰자는 거품을 내어 2의 반죽에 섞는다.
4 손질한 새우는 꼬리만 남기고 밀가루를 묻히고, 반죽을 입혀 튀겨낸다.
5 파슬리와 레몬으로 장식한다.

Cooking Tip

- 새우가 구부러지지 않도록 마디를 끊어준다.
- 약 160~170°C 정도의 튀김온도를 확인한 후 타지 않게 바삭하게 튀긴다.(튀김온도에 유의한다.)

요구사항

주어진 재료를 사용하여 다음과 같이 '채소로 속을 채운 훈제연어롤'을 만드시오.

1 주어진 훈제연어를 슬라이스하여 사용하시오.
2 당근, 셀러리, 무, 홍피망, 청피망을 0.3㎝ 정도의 두께로 채 써시오.
3 채소로 속을 채워 롤을 만드시오.
4 롤을 만든 뒤 일정한 크기로 6등분하여 제출하시오.
5 생크림, 겨자무(홀스레디쉬), 레몬즙을 이용하여 만든 홀스레디쉬크림, 케이퍼, 레몬웨지, 양파, 파슬리를 곁들이시오.

수험자 유의사항

1 훈제연어기름 제거에 유의한다.
2 슬라이스한 훈제연어살이 갈라지지 않도록 한다.
3 롤은 일정한 두께로 만든다.
4 조리작품 만드는 순서는 틀리지 않게 하여야 한다.
5 숙련된 기능으로 맛을 내야 하므로 조리작업 시 음식의 맛을 보지 않는다.
6 지정된 수험자 지참준비물 이외의 조리기구나 재료를 시험장 내에 지참할 수 없다.
7 지급재료는 시험 전 확인하여 이상이 있을 경우, 시험위원으로부터 조치를 받고 시험 도중에는 재료의 교환 및 추가지급은 하지 않는다.

채소로 속을 채운 훈제연어롤

Smoked Salmon Roll with Vegetables

40
시험시간(분)

재료 및 분량

훈제연어(균일한 두께와 크기로 지급) 150g
당근(길이방향으로 자른 모양으로 지급) 40g
셀러리 15g
무 15g
홍피망(중, 75g 정도, 길이로 잘라서) 1/8개
청피망(중, 75g 정도, 길이로 잘라서) 1/8개
양파(중, 150g 정도) 1/8개
겨자무(홀스레디쉬) 10g
양상추 15g
레몬(길이(장축)로 등분) 1/4개
생크림(조리용) 50g
파슬리(잎, 줄기 포함) 1줄기
소금(정제염) 5g
흰 후춧가루 5g
케이퍼 6개

※지참준비물 추가
연어나이프(필요 시 시참, 일반조리용 칼 대체 가능)

만드는 법

1. 당근, 셀러리, 무, 홍피망, 청피망, 양파는 0.3㎝ 두께로 슬라이스하여 자른 후 물기를 제거한다.
2. 훈제연어는 얇게 슬라이스하여 기름기를 제거한다.
3. 생크림은 거품기를 이용하여 거품을 내고, 홀스레디쉬와 레몬즙, 소금, 후추를 넣어 홀스레디쉬크림을 만든다.
4. 훈제연어를 넓게 편 다음 채소를 가지런히 놓고 말아준다.
5. 연어롤을 6등분으로 잘라놓는다.
6. 접시에 양상추를 깔고 연어롤을 담은 후 홀스레디쉬크림, 케이퍼, 파슬리, 레몬을 조화롭게 담아 낸다.

Cooking Tip

- 훈제연어는 기름기 제거에 유의한다.
- 연어살이 부서지지 않도록 한다.
- 연어롤은 일정한 두께로 만든다.

요구사항

주어진 재료를 사용하여 다음과 같이 '샐러드부케를 곁들인 참치타르타르와 채소비네그레트'를 만드시오.

1 참치는 꽃소금을 사용하여 해동하고, 3~4㎜ 정도의 작은 주사위 모양으로 썰어 양파, 그린올리브, 케이퍼, 처빌 등을 이용하여 타르타르를 만드시오.
2 채소를 이용하여 샐러드부케를 만드시오.
3 참치타르타르는 테이블스푼 2개를 사용하여 퀜넬 형태로 3개를 만드시오.
4 비네그레트는 양파, 붉은색과 노란색의 파프리카, 오이를 가로 · 세로 2㎜ 정도의 작은 주사위 모양으로 썰어 사용하고, 파슬리와 딜은 다져서 사용하시오.

수험자 유의사항

1 썰은 참치의 핏물제거와 색의 변화에 유의하시오.
2 샐러드부케 만드는 것에 유의하시오.
3 조리작품 만드는 순서는 틀리지 않게 하여야 한다.
4 숙련된 기능으로 맛을 내야 하므로 조리작업 시 음식의 맛을 보지 않는다.
5 지정된 수험자 지참준비물 이외의 조리기구나 재료를 시험장 내에 지참할 수 없다.
6 지급재료는 시험 전 확인하여 이상이 있을 경우, 시험위원으로부터 조치를 받고 시험 도중에는 재료의 교환 및 추가지급은 하지 않는다.

샐러드부케를 곁들인 참치타르타르와 채소비네그레트

Tuna Tartar with Salad Bouquet and Vegetable Vinaigrette

재료 및 분량

붉은색 참치살(냉동 지급) 80g
양파(중, 150g 정도) ⅛개
그린올리브 2개
케이퍼 5개
올리브오일 25㎖
레몬(길이(장축)로 등분) ¼개
핫소스 5㎖
처빌(신선한 것) 2줄기
꽃소금 5g
흰 후춧가루 3g
차이브(신선한 것, 실파로 대체 가능) 5줄기
롤라로사(잎상추로 대체 가능) 2잎
그린치커리(신선한 것) 2줄기
붉은색 파프리카(5~6㎝ 정도) ¼개
노란색 파프리카(신선한 것, 150g 정도) ⅛개
오이(길이로 반을 갈라 10등분, 가늘고 곧은 것, 20㎝ 정도) 1/10개
파슬리(잎, 줄기 포함) 1줄기
딜(신선한 것) 3줄기
식초 10㎖
※지참준비물 추가
테이블스푼 2개(퀜넬용, 머릿부분 가로 6㎝, 세로(폭) 3.5~4㎝ 정도)

만드는 법

1. 붉은색 참치는 소금물로 씻은 후 소창의 물기를 제거하고, 3~4㎜ 정도의 주사위 모양으로 자른다.
2. 곱게 다진 그린올리브, 케이퍼, 처빌, 양파를 넣고 올리브오일, 레몬즙, 핫소스, 소금, 후춧가루를 넣어 섞는다.
3. 2에 참치를 넣고 버무린 다음, 커넬스푼 2개를 이용하여 참치타르타르를 커넬 형태로 3개 만든다.
4. 양파, 오이, 파프리카를 가로, 세로 0.2㎜로 썬 것, 다진 딜과 다진 파슬리를 넣고 올리브오일, 식초, 레몬, 소금, 후춧가루 순서로 넣어 채소비네그레트 드레싱을 만든다.
5. 롤라로사, 그린치커리, 그린비타민, 붉은색·노란색 파프리카, 차이브, 뻥이버섯으로 샐러드부케를 만든 후, 차이브를 데쳐 샐러드부케를 묶어 고정시킨 다음 속을 파낸 오이에 고정시켜 샐러드부케를 완성한다.
6. 접시에 샐러드부케를 놓고, 참치 커넬을 올린 후 채소비네그레트 드레싱을 뿌린다.

Cooking Tip

- 참치는 색의 변화에 유의한다.
- 채소비네그레트 드레싱이 분리되지 않도록 유의한다.

요구사항

주어진 재료를 사용하여 다음과 같이 '베이컨, 레터스, 토마토샌드위치'를 만드시오.

1 빵은 구워서 사용하시오.
2 토마토는 0.5㎝ 정도의 두께로 썰고, 베이컨은 구워서 사용하시오.
3 완성품은 모양 있게 썰어 전량을 내시오.

수험자 유의사항

1 베이컨의 굽는 정도와 기름 제거에 유의한다.
2 샌드위치의 모양이 나빠지지 않도록 썰 때 유의한다.
3 조리작품 만드는 순서는 틀리지 않게 하여야 한다.
4 숙련된 기능으로 맛을 내야 하므로 조리작업 시 음식의 맛을 보지 않는다.
5 지정된 수험자 지참준비물 이외의 조리기구나 재료를 시험장 내에 지참할 수 없다.
6 지급재료는 시험 전 확인하여 이상이 있을 경우, 시험위원으로부터 조치를 받고 시험 도중에는 재료의 교환 및 추가지급은 하지 않는다.

베이컨, 레터스, 토마토샌드위치

Bacon, Lettuce, Tomato Sandwich

30
시험시간(분)

재료 및 분량

식빵(샌드위치용) 3조각
양상추(2잎 정도, 잎상추로 대체 가능) 20g
토마토(중, 150g 정도, 둥근 모양이 되도록 잘라서 지급) ½개
베이컨(길이 25~30㎝) 2조각
마요네즈 30g
소금(정제염) 3g
검은 후춧가루 1g

만드는 법

1. 샌드위치빵을 토스트한다.
2. 베이컨을 팬에 구워 준비한다.
3. 토스트빵 한쪽의 면에 마요네즈를 바른 다음 준비해 놓은 양상추를 얹고, 그 위에 베이컨을 얹는다. 양면에 마요네즈를 바른 빵 한 쪽, 양상추, 토마토, 마요네즈를 바른 빵 한 쪽을 덮는다.
4. 빵을 움직이지 않게 고정시키고, 빵의 가장자리를 정리하여 모양 있게 잘라 담는다.

Cooking Tip

- 양상추의 물기를 완전히 제거한다
- 샌드위치빵을 자를 때 모양이 흐트러지지 않도록 주의한다.

요구사항

주어진 재료를 사용하여 다음과 같이 '햄버거샌드위치'를 만드시오.

1 구워진 고기의 두께는 1㎝ 정도로 하시오.

2 토마토, 양파는 0.5㎝ 정도의 두께로 썰고, 양상추는 빵 크기에 맞추시오.

3 빵 사이에 위의 재료를 넣어 반을 잘라내시오.

수험자 유의사항

1 구워진 고기가 단단해지거나 부서지지 않도록 한다.

2 빵에 수분이 흡수되지 않도록 유의한다.

3 조리작품 만드는 순서는 틀리지 않게 하여야 한다.

4 숙련된 기능으로 맛을 내야 하므로 조리작업 시 음식의 맛을 보지 않는다.

5 지정된 수험자 지참준비물 이외의 조리기구나 재료를 시험장 내에 지참할 수 없다.

6 지급재료는 시험 전 확인하여 이상이 있을 경우, 시험위원으로부터 조치를 받고 시험 도중에는 재료의 교환 및 추가지급은 하지 않는다.

햄버거샌드위치
Hamburger Sandwich

시험시간(분)

재료 및 분량

소고기(살코기, 방심) 100g
양파(중, 150g 정도) 1개
빵가루(마른 것) 30g
셀러리 30g
소금(정제염) 3g
검은 후춧가루 1g
양상추 20g
토마토(중, 150g 정도,
둥근 모양이 되도록 잘라서 지급) ½개
버터(무염) 15g
햄버거빵 1개
식용유 20mℓ
달걀 1개

만드는 법

1. 햄버거빵을 팬에 구운 후 버터를 바른다.
2. 양파와 셀러리는 곱게 다져 볶은 후 식힌다.
3. 양파와 토마토는 0.5cm로 자른 후 살짝 굽는다.
4. 볼에 다진 소고기, 빵가루, 양파, 셀러리, 달걀, 소금, 후추를 넣고 잘 섞어 끈기가 있게 치댄 후 1cm 정도 두께의 원형으로 패티를 만든다.
5. 패티는 식용유를 두른 팬에 타거나 갈라지지 않도록 속까지 익힌다.
6. 양상추는 평평한 부분으로, 빵 크기에 맞게 다듬어 물기를 제거한다.
7. 토스트한 빵에 양상추, 패티, 양파, 토마토 순으로 올리고 빵을 덮은 다음, 반으로 잘라 접시에 담아 낸다.

Cooking Tip

- 소고기를 양념할 때 들이기는 야채는 곱게 다져야만 패티가 갈라지지 않는다.
- 패티는 중불로 가열해야 타지 않는다.
- 햄버거빵을 자를 때 모양이 흐트러지지 않도록 주의한다.

요구사항

주어진 재료를 사용하여 다음과 같이 '월도프샐러드'를 만드시오.

1 사과, 셀러리, 호도알을 사방 1㎝ 정도의 크기로 써시오.
2 사과의 껍질과 호도알의 속껍질을 벗겨 사용하시오.
3 상추를 깔고 놓으시오.

수험자 유의사항

1 사과의 변색에 유의한다.
2 조리작품 만드는 순서는 틀리지 않게 하여야 한다.
3 숙련된 기능으로 맛을 내야 하므로 조리작업 시 음식의 맛을 보지 않는다.
4 지정된 수험자 지참준비물 이외의 조리기구나 재료를 시험장 내에 지참할 수 없다.
5 지급재료는 시험 전 확인하여 이상이 있을 경우, 시험위원으로부터 조치를 받고 시험 도중에는 재료의 교환 및 추가지급은 하지 않는다.

월도프샐러드

Waldorf Salad

20
시험시간(분)

재료 및 분량

사과(200~250g 정도) 1개
셀러리 30g
호두(중, 겉껍질 제거한 것) 2개
레몬(길이(장축)로 등분) ¼개
소금(정제염) 2g
흰 후춧가루 1g
마요네즈 60g
양상추(2잎 정도,
잎상추로 대체 가능) 20g
이쑤시개 1개

만드는 법

1 양상추는 찬물에 담그고, 사과는 껍질을 벗겨 사방 1㎝ 크기로 자른 다음, 물에 레몬즙을 넣어 담근다.
2 호두는 미지근한 물에 담가 불린 후, 이쑤시개를 이용하여 속껍질을 벗기고 1㎝ 크기로 자른다.
3 셀러리는 섬유질을 제거하고 1㎝ 크기로 자른다.
4 수분을 제거한 사과, 셀러리, 호두를 넣고 소금, 흰 후춧가루, 마요네즈, 레몬즙을 넣어 골고루 버무린 후 양상추를 깔고 그 위에 보기 좋게 담아 낸다.

Cooking Tip

- 사과의 갈변현상을 방지하기 위하여 레몬즙을 사용한다.
  (일반적으로 레몬즙이 없을 경우 물에 설탕을 넣고 담가서 사용하기도 한다.)
- 호두는 미지근한 물에 담갔다가 불린 후 껍질을 벗기면 잘 벗겨진다.

요구사항

주어진 재료를 사용하여 다음과 같이 '해산물샐러드'를 만드시오.

1 미르포아(Mire-poix), 향신료, 레몬을 이용하여 쿠르부용(Court Bouillon)을 만드시오.
2 준비된 쿠르부용에 해산물을 질기지 않도록 익히시오.
3 샐러드 채소는 깨끗이 손질하여 싱싱하게 하시오.
4 레몬 비네그레트는 양파, 레몬즙, 올리브오일 등을 사용하여 만드시오.

수험자 유의사항

1 조리작품 만드는 순서는 틀리지 않게 하여야 한다.
2 숙련된 기능으로 맛을 내야 하므로 조리작업 시 음식의 맛을 보지 않는다.
3 지정된 수험자 지참준비물 이외의 조리기구나 재료를 시험장 내에 지참할 수 없다.
4 지급재료는 시험 전 확인하여 이상이 있을 경우, 시험위원으로부터 조치를 받고 시험 도중에는 재료의 교환 및 추가지급은 하지 않는다.

해산물샐러드
Seafood Salad

30
시험시간(분)

재료 및 분량

새우(냉동 1팩당 40미) 3마리
관자살(개당 50~60g 정도, 해동 지급) 1개
피홍합(길이 7㎝ 이상) 3개
중합(지름 3㎝ 정도) 3개
양파(중, 150g 정도) ¼개
마늘(중, 깐 것) 1쪽
실파(1뿌리) 20g
그린치커리 2줄기
양상추 10g
롤라로사(잎상추로 대체 가능) 2잎
올리브오일 20㎖
레몬(길이(장축)로 등분) ¼개
식초 10㎖
딜(신선한 것) 2줄기
월계수잎 1잎
셀러리 10g
흰 통후추(검은 통후추 대체 가능) 3개
소금(정제염) 5g
흰 후춧가루 5g
당근(둥근 모양이 유지되게 등분) 15g

만드는 법

1 그린비타민, 양상추, 그린치커리, 롤라로사를 깨끗이 씻어서 물기를 제거한다.
2 셀러리, 당근은 채를 썬다. 양파의 일부는 채 썰고 일부는 다져서 소금물에 담근 후, 마늘은 곱게 채 썰어 준비한다.
3 양파, 셀러리, 당근, 월계수잎, 통후추, 딜줄기, 레몬, 식초, 물 300㎖ 정도를 넣고 쿠르부용(Court Bouillon)을 냄비에 끓인다.
4 새우는 내장을 제거한 후 관자살, 피홍합, 중합을 깨끗하게 손질하여 쿠르부용에 데친다.
5 식초와 레몬즙, 다진 딜, 소금, 흰 후춧가루를 잘 섞은 다음, 올리브오일을 넣고 분리되지 않도록 잘 섞어 혼합하여 레몬 비네그레트를 만든다.
6 해산물에 비네그레트와 다진 마늘, 실파를 넣어 버무린다.
7 접시에 샐러드 채소를 담고 드레싱에 버무린 해산물샐러드를 놓은 후, 그 위에 비네그레트 드레싱을 뿌려서 완성한다.

Cooking Tip

- 채소는 싱싱하게 전처리하고 물기를 제거한다.

요구사항

주어진 재료를 사용하여 다음과 같이 '피쉬뮈니엘'을 만드시오.

1 생선은 길이를 일정하게 하여 4쪽을 구워 내시오.
2 소스와 함께 레몬과 파슬리를 곁들여 내시오.

수험자 유의사항

1 생선살은 흐트러지지 않게 5장 포뜨기를 한다.
2 생선의 담는 방법에 유의한다.
3 조리작품 만드는 순서는 틀리지 않게 하여야 한다.
4 숙련된 기능으로 맛을 내야 하므로 조리작업 시 음식의 맛을 보지 않는다.
5 지정된 수험자 지참준비물 이외의 조리기구나 재료를 시험장 내에 지참할 수 없다.
6 지급재료는 시험 전 확인하여 이상이 있을 경우, 시험위원으로부터 조치를 받고 시험 도중에는 재료의 교환 및 추가지급은 하지 않는다.

피쉬뮈니엘

Fish Meuniere

시험시간(분)

재료 및 분량

가자미(250~300g 정도, 해동 지급) 1마리
밀가루(중력분) 30g
버터(무염) 50g
소금(정제염) 2g
흰 후춧가루 2g
레몬(길이(장축)로 등분) ½개
파슬리(잎, 줄기 포함) 1줄기

만드는 법

1 가자미는 5장 뜨기를 하여 모양을 잡고, 소금과 후추를 뿌린 다음 밀가루를 앞 · 뒤로 묻혀 팬에 굽는다.
2 가자미의 뼈를 바른 안쪽 살이 위로 오도록 접시에 담는다.
3 팬에 버터를 녹이고 레몬즙과 소금, 후추, 파슬리가루를 넣어 버터레몬소스를 만든다.
4 구운 생선을 담고 소스를 뿌린 후 파슬리와 레몬으로 장식하여 접시에 담아 낸다.

Cooking Tip

- 도마 위에서 생선을 다룰 때는 물기 없이 위생에 유의한다.
- 생선에 밀가루를 묻혀 버터구이 하는 것을 뮈니엘이라고 한다.

요구사항

주어진 재료를 사용하여 다음과 같이 '솔모르네'를 만드시오.

1 피시스톡(Fish Stock)을 만들어 생선을 포우칭(Poaching)하시오.
2 베샤멜소스를 만들어 치즈를 넣고 모르네소스(Mornay Sauce)를 만드시오.
3 수량은 같은 크기로 4개 제출하시오.
4 카이엔페퍼를 뿌려내시오.

수험자 유의사항

1 소스의 농도에 유의한다.
2 생선살이 흐트러지지 않도록 5장 뜨기를 한다.
3 생선뼈는 지급된 생선으로 사용한다.
4 조리작품 만드는 순서는 틀리지 않게 하여야 한다.
5 숙련된 기능으로 맛을 내야 하므로 조리작업 시 음식의 맛을 보지 않는다.
6 지정된 수험자 지참준비물 이외의 조리기구나 재료를 시험장 내에 지참할 수 없다.
7 지급재료는 시험 전 확인하여 이상이 있을 경우, 시험위원으로부터 조치를 받고 시험 도중에는 재료의 교환 및 추가지급은 하지 않는다.

솔모르네
Sole Mornay

40
시험시간(분)

재료 및 분량

가자미(250~300g 정도, 해동 지급) 1마리
치즈(가로·세로 8㎝ 정도) 1장
카이엔페퍼 2g
밀가루(중력분) 30g
버터(무염) 50g
우유 200㎖
양파(중, 150g 정도) ⅓개
정향 1개
레몬(길이(장축)로 등분) ¼개
월계수잎 1잎
파슬리(잎, 줄기 포함) 1줄기
흰 통후추(검은 통후추 대체 가능) 3개
소금(정제염) 2g

만드는 법

1 가자미는 5장 뜨기를 하여 모양을 잡고 소금과 후추를 뿌려놓는다. 가자미뼈는 2㎝ 길이로 잘라 찬물에서 핏물을 제거한 후 스톡을 만든다.
2 스톡이 끓어오르면 포칭한 생선살을 데친다.
3 익힌 생선살을 접시에 담는다.
4 냄비에 버터와 밀가루를 넣어 화이트 루를 만든 다음, 우유를 넣어 베샤멜소스를 만든다.
5 4에 치즈를 넣고, 소금과 흰 후춧가루로 간을 맞춘 후 생선살 위에 뿌리고, 카이엔페퍼를 생신실 위에 올려준다.

Cooking Tip

- 베샤멜소스를 만들 때는 농도에 주의한다.
- 생선살은 부서지지 않게 유의한다.

요구사항

주어진 재료를 사용하여 다음과 같이 '치킨알라킹'을 만드시오.

1 완성된 닭고기와 채소, 버섯의 크기는 1.8cm×1.8cm 정도로 균일하게 하시오.(단, 지급된 재료의 크기에 따라 가감한다.)
2 닭뼈를 이용하여 치킨육수를 만들어 사용하시오.
3 화이트 루(Roux)를 이용하여 베샤멜소스를 만들어 사용하시오.

수험자 유의사항

1 소스의 색깔과 농도에 유의한다.
2 조리작품 만드는 순서는 틀리지 않게 하여야 한다.
3 숙련된 기능으로 맛을 내야 하므로 조리작업 시 음식의 맛을 보지 않는다.
4 지정된 수험자 지참준비물 이외의 조리기구나 재료를 시험장 내에 지참할 수 없다.
5 지급재료는 시험 전 확인하여 이상이 있을 경우, 시험위원으로부터 조치를 받고 시험 도중에는 재료의 교환 및 추가지급은 하지 않는다.

치킨알라킹

Chicken A' la King)

시험시간(분)

재료 및 분량

닭다리(1마리 1.2㎏ 정도, 허벅지살 포함) 1개
청피망(중, 75g 정도) ¼개
홍피망(중, 75g 정도) ⅙개
양파(중, 150g 정도) ⅙개
양송이(2개) 20g
버터(무염) 20g
밀가루(중력분) 15g
우유 150㎖
정향 1개
생크림(조리용) 20g
소금(정제염) 2g
흰 후춧가루 2g
월계수잎 1잎

만드는 법

1 닭고기는 깨끗이 씻어 뼈와 껍질을 제거하여 사방 2㎝로 자른다.
2 닭뼈, 월계수잎, 정향, 물 2컵을 넣어 끓이고 소창에 걸러 스톡을 만든다.
3 양파, 홍피망, 청피망을 사방 1.8㎝로 균일하게 자르고, 양송이는 껍질을 제거하여 두껍게 슬라이스한다.
4 버터를 두른 팬에 양파, 양송이, 청피망, 홍피망, 닭살 순으로 넣어 볶는다.
5 냄비에 버터와 밀가루를 넣고 화이트 루를 만들어 우유, 양파, 월계수잎, 정향을 넣어 베샤멜소스를 만들어 치킨스톡으로 농도를 조절한다.
6 익힌 닭고기, 양송이, 양파, 청피망, 홍피망을 소스에 넣고 끓여준다.
7 생크림으로 농도를 조절하고, 소금, 흰 후춧가루로 간을 하여 접시에 담아 낸다.

Cooking Tip

- 베샤멜소스를 만들 때는 농도에 주의한다.
- 버터로 야채를 볶아주는 것은 모양을 유지시키기 위함이다.
- 소스와 고형물의 비율은 1:1로 한다.

요구사항

주어진 재료를 사용하여 다음과 같이 '치킨커틀릿'을 만드시오.

1 닭은 껍질째 사용하시오.
2 완성된 커틀릿의 두께를 1㎝ 정도로 하시오.
3 딥팻프라이(Deep Fat Frying)로 하시오.

수험자 유의사항

1 닭고기 모양에 유의한다.
2 완성된 커틀릿의 색깔에 유의한다.
3 조리작품 만드는 순서는 틀리지 않게 하여야 한다.
4 숙련된 기능으로 맛을 내야 하므로 조리작업 시 음식의 맛을 보지 않는다.
5 지정된 수험자 지참준비물 이외의 조리기구나 재료를 시험장 내에 지참할 수 없다.
6 지급재료는 시험 전 확인하여 이상이 있을 경우, 시험위원으로부터 조치를 받고 시험 도중에는 재료의 교환 및 추가지급은 하지 않는다.

치킨커틀릿

Chicken Cutlet

시험시간(분)

재료 및 분량

닭다리(1마리 1.2㎏ 정도, 허벅지살 포함) 1개
달걀 1개
밀가루(중력분) 30g
빵가루(마른 것) 50g
소금(정제염) 2g
검은 후춧가루 2g
식용유 300㎖
냅킨(흰색, 기름제거용) 2장

만드는 법

1. 닭은 깨끗하게 손질하여 뼈를 발라내고 얇게 저민 후, 소금과 후추로 간을 한다.
2. 닭고기를 밀가루, 달걀, 빵가루의 순서로 튀김옷을 입혀 튀겨낸다.
3. 기름의 온도는 160~180℃ 정도를 유지하여 황금색으로 튀겨낸다.

Cooking Tip

- 커틀릿이란 육류나 생선을 얄팍하게 포를 뜬 후 밀가루, 달걀, 빵가루를 입혀 기름에 튀겨내는 요리를 말한다

요구사항

주어진 재료를 사용하여 다음과 같이 '비프스튜'를 만드시오.

1 완성된 소고기와 채소의 크기는 1.8㎝ 정도의 정육면체로 하시오.
2 브라운 루(Brown Roux)를 만들어 사용하시오.
3 그릇에 비프스튜를 담고 파슬리 다진 것을 뿌려 내시오.

수험자 유의사항

1 소스의 농도와 분량에 유의한다.
2 고기와 채소는 형태를 유지하면서 익히는데 유의한다.
3 조리작품 만드는 순서는 틀리지 않게 하여야 한다.
4 숙련된 기능으로 맛을 내야 하므로 조리작업 시 음식의 맛을 보지 않는다.
5 지정된 수험자 지참준비물 이외의 조리기구나 재료를 시험장 내에 지참할 수 없다.
6 지급재료는 시험 전 확인하여 이상이 있을 경우, 시험위원으로부터 조치를 받고 시험 도중에는 재료의 교환 및 추가지급은 하지 않는다.

비프스튜

Beef Stew

시험시간(분)

재료 및 분량

소고기(살코기, 덩어리) 100g
당근(둥근 모양이 유지되게 등분) 70g
양파(중, 150g 정도) ¼개
셀러리 30g
감자(150g 정도) ⅓개
마늘(중, 깐 것) 1쪽
토마토 페이스트 20g
밀가루(중력분) 25g
버터(무염) 30g
소금(정제염) 2g
검은 후춧가루 2g
파슬리(잎, 줄기 포함) 1줄기
월계수잎 1잎
정향 1개

만드는 법

1 양파, 감자, 셀러리, 당근은 사방 1.8㎝로 잘라 각진 부분을 둥글게 정리하고, 마늘은 다진다.
2 소고기는 사방 2㎝로 자른 후 소금과 후추로 간을 하여 밀가루를 입힌다.
3 팬에 버터를 녹이고 다진 마늘과 양파를 볶아내고 감자, 셀러리, 당근을 각각 볶아낸 다음 소고기를 볶는다.
4 냄비에 버터와 밀가루를 넣어 볶아 브라운 루를 만든 후, 토마토 페이스트를 넣어 충분히 볶다가 육수와 볶은 재료, 부케가르니(월계수잎, 정향, 파슬리줄기)를 넣어 끓인다.
5 약한 불에서 끓이다가 농도가 걸쭉해지면 부케가르니를 제거하고 소금, 후추로 간을 한다.
6 완성된 요리에 파슬리 찹을 뿌려 접시에 담아 낸다.

Cooking Tip

- 감자와 당근의 모서리를 둥글게 하고, 반드시 익어야 한다.
- 소스와 고형물의 비율은 1:1로 한다.

요구사항

주어진 재료를 사용하여 다음과 같이 '살리스버리스테이크'를 만드시오.

1 고기 앞 · 뒤의 색깔을 갈색으로 내시오.
2 살리스버리스테이크는 타원형으로 만드시오.
3 더운 채소(당근, 감자, 시금치)를 각각 모양 있게 만들어 함께 내시오.

수험자 유의사항

1 고기가 타지 않도록 하며, 구워진 고기가 단단해지지 않도록 유의한다. (곁들이는 소스는 생략한다.)
2 주어진 조미재료를 활용하여 더운 채소의 요리법(색, 모양 등)에 유의한다.
3 조리작품 만드는 순서는 틀리지 않게 하여야 한다.
4 숙련된 기능으로 맛을 내야 하므로 조리작업 시 음식의 맛을 보지 않는다.
5 지정된 수험자 지참준비물 이외의 조리기구나 재료를 시험장 내에 지참할 수 없다.
6 지급재료는 시험 전 확인하여 이상이 있을 경우, 시험위원으로부터 조치를 받고 시험 도중에는 재료의 교환 및 추가지급은 하지 않는다.

살리스버리스테이크

Salisbury Steak

시험시간(분)

재료 및 분량

소고기(살코기, 갈은 것) 130g
양파(중, 150g 정도) 1/6개
달걀 1개
우유 5mℓ
빵가루(마른 것) 20g
소금(정제염) 2g
검은 후춧가루 2g
식용유 150mℓ
감자(150g 정도) 1/2개
당근(둥근 모양이 유지되게 등분) 70g
시금치 70g
백설탕 25g
버터(무염) 50g

만드는 법

1 양파, 셀러리는 곱게 다진 다음 팬에 볶아 식힌다.
2 당근, 감자, 시금치를 각각 모양에 알맞게 손질하여 조리한다.
3 냄비에 소고기, 양파, 셀러리, 빵가루, 우유, 달걀, 소금, 후추를 넣고 잘 섞이도록 치대어 타원형으로 만든다.
4 팬에 기름을 두르고 가열하여 고기를 갈색이 나도록 잘 익힌다.
5 접시에 스테이크를 담고 감자튀김, 시금치버터볶음, 당근찜을 곁들여 담아 낸다.

Cooking Tip

- 살리스버리는 영국의 후작명(1830~1930)이며, 햄버거스테이크와 만드는 법이 비슷하다.
- 고기는 오래 치대어 끈기가 있어야 부서지지 않는다.

요구사항

주어진 재료를 사용하여 다음과 같이 '서로인스테이크'를 만드시오.

1 스테이크는 미디움(Medium)으로 구우시오.

2 더운 채소(당근, 감자, 시금치)를 각각 모양 있게 만들어 함께 내시오.

수험자 유의사항

1 스테이크의 색에 유의한다.(곁들이는 소스는 생략한다.)

2 주어진 조미재료를 활용하여 더운 채소의 요리법(색, 모양 등)에 유의한다.

3 조리작품 만드는 순서는 틀리지 않게 하여야 한다.

4 숙련된 기능으로 맛을 내야 하므로 조리작업 시 음식의 맛을 보지 않는다.

5 지정된 수험자 지참준비물 이외의 조리기구나 재료를 시험장 내에 지참할 수 없다.

6 지급재료는 시험 전 확인하여 이상이 있을 경우, 시험위원으로부터 조치를 받고 시험 도중에는 재료의 교환 및 추가지급은 하지 않는다.

서로인스테이크

Sirloin Steak

시험시간(분)

재료 및 분량

소고기(등심, 덩어리) 200g
감자(150g 정도) ½개
당근(둥근 모양이 유지되게 등분) 70g
시금치 70g
소금(정제염) 2g
검은 후춧가루 1g
식용유 150㎖
버터(무염) 50g
백설탕 25g
양파(중, 150g 정도) ⅙개

만드는 법

1 당근, 감자, 시금치를 각각 모양에 알맞게 손질하여 조리한다.
2 소고기등심에 소금, 후추로 간을 한 후, 팬에 식용유를 두르고 앞·뒤로 갈색이 나도록 굽는다.
3 접시에 스테이크를 담고 감자튀김, 시금치버터볶음, 당근찜을 곁들여 담아 낸다.

Cooking Tip

• 약한 불에서 구워내면 고기의 색이 연하고 핏물이 많이 생겨서 좋지 않다.
• 스테이크를 구울 때는 팬을 충분히 달궈서 색이 먹음직스러운 갈색이 나도록 한다.

요구사항

주어진 재료를 사용하여 다음과 같이 '바비큐폭찹'을 만드시오.

1 고기는 뼈가 붙은 채로 사용하고 고기의 두께는 1㎝ 정도로 하시오.
(단, 지급재료에 따라 가감한다.)

2 완성된 소스상태가 윤기가 나며 겉물이 흘러나오지 않도록 하시오.

수험자 유의사항

1 주어진 재료로 소스를 만들고 농도에 유의한다.

2 재료의 익히는 순서를 고려하여 끓인다.

3 조리작품 만드는 순서는 틀리지 않게 하여야 한다.

4 숙련된 기능으로 맛을 내야 하므로 조리작업 시 음식의 맛을 보지 않는다.

5 지정된 수험자 지참준비물 이외의 조리기구나 재료를 시험장 내에 지참할 수 없다.

6 지급재료는 시험 전 확인하여 이상이 있을 경우, 시험위원으로부터 조치를 받고 시험 도중에는 재료의 교환 및 추가지급은 하지 않는다.

바비큐폭찹

Barbecued Pork Chop

시험시간(분)

재료 및 분량

돼지갈비(살 두께 5㎝ 이상, 뼈를 포함한 길이 10㎝) 200g
토마토케첩 30g
우스터소스 3㎖
황설탕 5g
양파(중, 150g 정도) ¼개
소금(정제염) 2g
검은 후춧가루 2g
셀러리 30g
핫소스 2㎖
버터(무염) 10g
식초 5㎖
월계수잎 1잎
밀가루(중력분) 10g
레몬(길이(장축)로 등분) ⅙개
마늘(중, 깐 것) 1쪽
비프스톡(육수, 물로 대체 가능) 200㎖
식용유 30㎖

만드는 법

1 돼지갈비는 기름을 제거하고 힘줄, 뼈와 살이 붙어 있는 곳에 칼집을 넣어 소금, 후추를 뿌려 밀가루를 묻혀서 팬에 갈색이 나도록 굽는다.
2 양파, 셀러리, 마늘을 곱게 다진다.
3 냄비에 버터를 녹여 양파, 마늘, 셀러리를 볶다가 토마토케첩을 넣고 물, 황설탕, 우스터소스, 핫소스, 월계수잎, 식초를 넣어 중불로 끓인다.
4 거품을 거두면서 끓인 소스가 충분히 걸쭉해지면, 돼지갈비를 넣어 끓이다가 레몬즙, 소금, 후추를 넣어 간을 맞추고 월계수잎은 건져낸다.
5 익힌 돼지갈비를 접시에 담고, 소스의 기름을 걷어내고 농도와 맛을 낸 다음 돼지갈비 위에 뿌려 완성한다.

Cooking Tip

- 바비큐란, 통째로 고기를 직접 불에 굽는 요리를 말하며 케첩, 식초, 설탕, 야채 등을 넣어 만든 바비큐소스를 발라가며 구워야 잘 구워진다.
- 소스의 색은 윤기가 나도록 한다.

요구사항

주어진 재료를 사용하여 다음과 같이 '스파게티 카르보나라'를 만드시오.

1 스파게티면은 알단테(Al Dante)로 삶아서 사용하시오.
2 파슬리는 다지고, 통후추는 곱게 으깨서 사용하시오.
3 베이컨은 1㎝ 정도 크기로 썰어, 으깬 통후추와 볶아서 향이 잘 우러나게 하시오.
4 생크림은 달걀노른자를 이용한 리에종(Liaison)과 소스에 사용하시오.

수험자 유의사항

1 크림에 리에종을 넣어 소스 농도를 잘 조절하며, 소스가 분리되지 않도록 한다.
2 조리작품 만드는 순서는 틀리지 않게 하여야 한다.
3 숙련된 기능으로 맛을 내야 하므로 조리작업 시 음식의 맛을 보지 않는다.
4 지정된 수험자 지참준비물 이외의 조리기구나 재료를 시험장 내에 지참할 수 없다.
5 지급재료는 시험 전 확인하여 이상이 있을 경우, 시험위원으로부터 조치를 받고 시험 도중에는 재료의 교환 및 추가지급은 하지 않는다.

스파게티카르보나라

Spaghetti Carbonara

시험시간(분)

재료 및 분량

스파게티면(건조면) 80g
올리브오일 20㎖
버터(무염) 20g
생크림 180㎖
베이컨(길이 15~20㎝) 2개
달걀 1개
파마산치즈가루 10g
파슬리(잎, 줄기 포함) 1줄기
소금(정제염) 5g
검은 통후추 5개
식용유 20㎖

만드는 법

1 베이컨은 1㎝ 크기로 자르고, 통후추는 으깨어 준비한다.
2 식용유와 소금을 넣은 물을 끓여 스파게티면을 알단테로 삶아준다.
3 버터를 두른 팬에 기름기를 뺀 베이컨과 으깬 통후추를 볶는다.
4 3에 생크림과 면을 넣고 소금으로 간을 한 후 파마산치즈와 파슬리찹으로 향을 낸다.
5 생크림에 달걀노른자를 넣어 익지 않게 주의하며 농도를 맞춘다.
6 완성된 스파게티 위에 파마산치즈와 으깬 통후추를 뿌려 접시에 담아 낸다.

Cooking Tip

- 베이컨과 후추를 잘 볶아야 향이 살아있다.
- 달걀노른자가 익지 않도록 주의한다.

요구사항

주어진 재료를 사용하여 다음과 같이 '토마토소스 해산물스파게티'를 만드시오.

1 스파게티면은 알단테(Al Dante)로 삶아서 사용하시오.
2 조개는 껍질째, 새우는 껍질을 벗겨 내장을 제거하고, 관자살은 편으로 썰고, 오징어는 0.8㎝×5㎝ 정도 크기로 썰어 사용하시오.
3 해산물은 화이트와인을 사용하여 조리하고, 마늘과 양파는 해산물 조리와 토마토소스 조리에 나누어 사용하시오.
4 바질을 넣은 토마토소스를 만들어 사용하시오.
5 스파게티는 토마토소스에 버무리고, 다진 파슬리와 슬라이스한 바질을 넣어 완성하시오.

수험자 유의사항

1 토마토소스는 자작한 농도로 만들어야 한다.
2 스파게티는 토마토소스와 잘 어우러지도록 한다.
3 조리작품 만드는 순서는 틀리지 않게 하여야 한다.
4 숙련된 기능으로 맛을 내야 하므로 조리작업 시 음식의 맛을 보지 않는다.
5 지정된 수험자 지참준비물 이외의 조리기구나 재료를 시험장 내에 지참할 수 없다.
6 지급재료는 시험 전 확인하여 이상이 있을 경우, 시험위원으로부터 조치를 받고 시험 도중에는 재료의 교환 및 추가지급은 하지 않는다.

토마토소스 해산물스파게티

Seafood Spaghetti Tomato Sauce

시험시간(분)

재료 및 분량

스파게티면(건조면) 70g
토마토(캔) (홀필드, 국물 포함) 300g
마늘 3쪽
양파(중, 150g 정도) ½개
바질(신선한 것) 4잎
파슬리(잎, 줄기 포함) 1줄기
방울토마토(붉은색) 2개
올리브오일 40㎖
새우(껍질 있는 것) 3마리
모시조개(지름 3㎝ 정도,
바지락 대체 가능) 3개
오징어(몸통) 50g
관자살(50g 정도, 작은 관자 3개 정도) 1개
화이트와인 20㎖
소금 5g
흰 후춧가루 5g
식용유 20㎖

만드는 법

1 모시조개는 소금물에 해감을 하고, 새우는 내장과 껍질을 제거하여 준비한다.
2 관자살은 막을 제거하여 편으로 썰고, 오징어는 0.8㎝×5㎝ 크기로 자른다.
3 마늘과 양파는 다지고, 토마토는 껍질을 제거하여 다진다.
4 식용유와 소금을 넣은 물을 끓여 스파게티면을 알단테로 삶아준다.
5 올리브오일을 두른 팬에 마늘, 양파를 볶고, 토마토와 홀토마토를 넣고 끓이다가 소금을 넣어 간을 한 뒤 바질을 넣는다.
6 올리브오일을 두른 팬에 마늘, 양파를 볶다가 해산물을 넣어 볶아주고 소금, 후추로 간을 한 뒤 화이트와인을 넣고 조개가 익을 때까지 조린다.
7 6에 5의 토마토소스와 삶은 스파게티면을 넣고 볶는다.
8 완성된 스파게티 위에 파슬리와 바질을 넣어 완성한다.

Cooking Tip

• 해산물의 비린내가 나지 않도록 팬에서 잘 익힌 다음, 나머지 재료를 넣는다.

요구사항

주어진 재료를 사용하여 다음과 같이 '스페니쉬오믈렛'을 만드시오.

1 토마토, 양파, 피망, 양송이, 베이컨은 0.5㎝ 정도의 크기로 써시오.
2 오믈렛은 타원형으로 만드시오.
3 나무젓가락과 팬을 이용하여 만드시오.

수험자 유의사항

1 내용물이 고루 들어가고 터지지 않도록 유의한다.
2 오믈렛을 만들 때 타거나 단단해지지 않도록 한다.
3 조리작품 만드는 순서는 틀리지 않게 하여야 한다.
4 숙련된 기능으로 맛을 내야 하므로 조리작업 시 음식의 맛을 보지 않는다.
5 지정된 수험자 지참준비물 이외의 조리기구나 재료를 시험장 내에 지참할 수 없다.
6 지급재료는 시험 전 확인하여 이상이 있을 경우, 시험위원으로부터 조치를 받고 시험 도중에는 재료의 교환 및 추가지급은 하지 않는다.

스페니쉬오믈렛

Spanish Omelet

시험시간(분)

재료 및 분량

토마토(중, 150g 정도) ¼개
양파(중, 150g 정도) ⅙개
청피망(중, 75g 정도) ⅙개
양송이(1개) 10g
베이컨(길이 25~30㎝) ½조각
토마토케첩 20g
검은 후춧가루 2g
소금(정제염) 5g
달걀 3개
식용유 20㎖
버터(무염) 20g
생크림(조리용) 20g

만드는 법

1. 양파, 양송이, 청피망, 베이컨은 0.5㎝ 크기로 자른다.
2. 토마토는 껍질과 씨를 제거하고 0.5㎝ 크기로 자른다.
3. 달걀 3개에 소금을 넣고 부드럽게 풀어 체에 내린다.
4. 가열한 팬에 버터를 녹이고 베이컨을 볶다가 양파, 양송이, 피망, 토마토 순으로 볶은 후, 토마토케첩을 넣고 볶으면서 소금과 후추로 간을 하여 오믈렛의 소를 준비한다.
5. 오믈렛 팬에 기름을 충분히 넣어 달군 다음 3을 붓고, 젓가락으로 저어 부드럽게 스크램블하여 반쯤 익었을 때 4를 가운데 넣고 두드러가면서 달걀 표면이 타지 않도록 불조절에 유의하며 디원형으로 만든다.

Cooking Tip

- 오믈렛 소는 오믈렛의 가운데에 위치하도록 한다.
- 불조절에 유의하며 조리한다.
- 오믈렛은 따뜻하게 제공하는 것이 좋다.

요구사항

주어진 재료를 사용하여 다음과 같이 '치즈오믈렛'을 만드시오.

1 치즈는 사방 0.5㎝ 정도로 자르시오.
2 오믈렛은 타원형으로 치즈가 들어가 있는 것을 알 수 있도록 만드시오.
3 나무젓가락과 팬을 이용하여 만드시오.

수험자 유의사항

1 익힌 오믈렛이 갈라지거나 굳어지지 않도록 유의한다.
2 오믈렛에서 익지 않은 달걀이 흐르지 않도록 유의한다.
3 조리작품 만드는 순서는 틀리지 않게 하여야 한다.
4 숙련된 기능으로 맛을 내야 하므로 조리작업 시 음식의 맛을 보지 않는다.
5 지정된 수험자 지참준비물 이외의 조리기구나 재료를 시험장 내에 지참할 수 없다.
6 지급재료는 시험 전 확인하여 이상이 있을 경우, 시험위원으로부터 조치를 받고 시험 도중에는 재료의 교환 및 추가지급은 하지 않는다.

치즈오믈렛

Cheese Omelet

20
시험시간(분)

재료 및 분량

달걀 3개
치즈(가로·세로 8㎝ 정도) 1장
버터(무염) 30g
식용유 20㎖
생크림(조리용) 20g
소금(정제염) 2g

만드는 법

1 치즈는 가로·세로 0.5㎝ 크기로 자른다.
2 달걀 3개에 소금을 넣고 부드럽게 풀어 체에 내린다.
3 달걀물에 생크림과 치즈를 넣고 섞는다.
4 오믈렛 팬에 기름을 충분히 넣어 달군 다음, 3을 붓고 젓가락으로 저어 부드럽게 스크램블 하여 반쯤 익었을 때 한쪽 끝으로 밀어가면서 달걀 표면이 타지 않도록 불조절에 유의하며 타원형으로 만든다.

Cooking Tip

- 달걀에 치즈를 섞어 만들며, 표면에 일부 치즈가 같이 녹아있도록 한다.
- 불조절에 유의하며 조리한다.

WESTERN COOKING
PRACTICE
NCS

실기편(응용)

Spanish Omelet / Poach Egg

Scramble Egg / Fried Egg

Caesar Salad : Caesar Dressing, Garlic Crouton

Pan Fried Chicken Breast Hawaiian with Pineapple Sauce : Pineapple Sauce

Lasagna : Meat Sauce, Bechamel Sauce

Ravioli : Tomato Sauce, Dough

Chicken Olive / Potato Gnocchi

Beef Stroganoff / Green Salad with Blue Cheese Dressing

Fettuccine / Cheese Baking Potato

Potatoes Duchesse / Sun-dried Tomato

Mashed Potato Quiche / Egg Benedict

Hamburg Steak / Chicken Basil Pesto Sandwich

Hardroll Potato Sausage Soup / Fresh Fruit Gratine with Vanilla Sauce

Seafood Spaghetti : Tomato Sauce

Creapes : Chestnut Cream Sauce / Flambe / Sabayon with Fresh Fruit

Guest of Choice Pizza : Tomato Sauce, Dough

스패니쉬오믈렛
Spanish Omelet

재료 및 분량

달걀 3개
양파 50g
피망 25g
양송이 25g
베이컨 5g
토마토 7g
소금·후추 약간
식용유 20㎖
버터 20g

만드는 법

1 양파, 피망, 양송이, 베이컨을 깨끗이 씻어 사방 약 0.5㎝ 정도로 자른다.
2 토마토는 씨와 껍질을 제거하고 같은 크기로 자른다.
3 베이컨을 볶다가 양파, 피망, 양송이, 토마토 순으로 볶은 다음 토마토 페이스트, 소금, 후추로 간을 한다.
4 팬을 달구어 버터와 식용유를 두르고 달걀을 잘 풀어 넣고 약간 익혀, 볶아놓은 재료를 넣고 감싸서 오믈렛을 만든다.

Cooking Tip

- 달걀을 얇게 구워서 속을 채운 요리이다.
- 중약불에 3분 30초~4분 동안 가운데 작은 원을 그리듯 살살 빨리 저어주며 익힌다.

포치에그
Poach Egg

재료 및 분량

멜바토스트 1조각
달걀 2개
오이 3조각
베이컨 10g
식초 100㎖

만드는 법

1 물 1L에 식초 100㎖를 섞어서 90℃ 정도로 끓는 물에 3~4분간 달걀을 익힌 후, 스키머로 건져내어 멜바토스트에 얹어 제공한다.
2 가니쉬는 준비된 오이, 베이컨 등을 이용한다.

Cooking Tip

- 식초를 너무 많이 넣으면 달걀에 식초의 향이 배어 맛이 없으니 분량을 잘 조절하는 것이 좋다.
- 멜바토스트(Melba Toast)는 흰 식빵을 얇게 썰어, 오븐에 갈색이 나도록 바삭하게 구워낸 소형 토스트 빵(두께 2mm, 가로 3cm, 세로 5cm)을 말한다.

스크램블에그

Scramble Egg

재료 및 분량

멜바토스트 1조각
달걀 3개
버터 5g
우유 또는 생크림 10㎖
소금 0.5g

만드는 법

1 달걀을 잘 혼합하여 체에 거른다.
2 팬에 버터를 녹여 준비된 달걀을 넣고, 낮은 온도에서 나무젓가락으로 계속 휘저어 되직하게 만들어낸다.
3 우유 또는 생크림과 소금을 첨가한 후 멜바토스트나 빵을 깔아 그 위에 제공한다.

Cooking Tip

- 기름은 넉넉히 팬에 골고루 적셔 주고, 달걀은 너무 장시간 익히지 않는다. 장시간 익히면 수분이 없어져서 달걀이 떡떡해지기 때문이다.
- 밑면이 살짝 익으면 휙 저어주고, 불을 끈 후 나머지 팬의 열로 익혀준다.

프라이드에그

Fried Egg

재료 및 분량

달걀 3개
식용유 1㎖

만드는 법

1 Sunny Side Up : 팬에 식용유를 두르고, 흰자는 익히고 노른자는 떠오르는 태양처럼 선명하게 한다.
2 Over Easy : 팬에 식용유를 두르고, 흰자가 어느 정도 익었을 때 뒤집는다. 흰자는 익고 노른자는 익지 않은 상태이다. 또한 노른자가 깨지지 않아야 한다.
3 Over Well Done : Over Easy의 노른자가 터지지 않고 다 익은 상태이다.
4 Over Hard : 팬에 식용유를 두르고, 달걀흰자를 터뜨려 양면을 완전히 익힌 상태이다.

Cooking Tip

• 달걀을 나란히 깰 때 뾰족한 부분이 아래로 향하도록 나란히 깨면 노른자가 흰자의 가운데에 있게 된다.

시저샐러드

Caesar Salad

재료 및 분량

로메인상추 600g
시저드레싱 50㎖
노란 파프리카 10g
붉은 파프리카 10g
마늘크루통 10g
파마산치즈 10g
베이컨 20g

만드는 법

1 로메인상추는 찬물에 담가두었다가, 싱싱해지면 물기를 제거하여 냉장고에 보관한다.
2 베이컨은 가로 · 세로 약 1㎝ 정도의 크기로 잘라, 오븐이나 팬에서 바삭하게 구워낸다.
3 노란색 · 붉은색 파프리카는 쥘리엔느(Julienne)으로 썰어 찬물에 담가놓는다.
4 둥근 볼에 로메인상추를 담고 베이컨 조각, 시저드레싱을 넣고 잘 버무려 접시에 예쁘게 담고 마늘크루통, 베이컨, 파마산치즈를 위에 뿌린다.
5 준비한 마늘쿠르통 위에 쥘리엔느로 썬 파프리카를 예쁘게 올린다.

Cooking Tip

- 로메인상추는 물기를 제거한 후 적당한 크기로 잘라 사용한다.
- 내어놓기 직전에 소스와 버무려야 신선함이 유지된다.
- 베이컨의 반은 함께 버무리고, 나머지는 가니쉬로 사용한다.
- 쥘리엔느(Julienne)는 채소나 고기를 길고 가느다란 성냥개비 모양으로 채 써는 것을 의미한다.
  식품을 0.3cm 두께로 자른 후 그 조각들을 쌓아놓고,
  다시 0.3cm 두께로 자르고 막대 모양의 원하는 길이로 자른다

시저드레싱, 마늘쿠르통

Caesar Dressing, Garlic Crouton

재료 및 분량

시저드레싱

레몬주스 30㎖
우스터소스 5㎖
화이트와인 약간
식초 약간
다진 마늘 5g
다진 엔초비 10g
올리브오일 80㎖
소금·후추 약간
달걀노른자 1개
파마산치즈 40g

마늘쿠르통

식빵 1쪽
올리브오일 또는 버터 30㎖
마늘 2g

만드는 법

시저드레싱

1 달걀은 흰자와 노른자를 분리한다. 시저드레싱을 만들 때는 노른자만 사용한다.
2 엔초비와 마늘은 잘게 다져 준비한다.
3 볼에 다진 엔초비와 마늘, 올리브오일, 식초, 화이트와인, 달걀노른자를 넣고 잘 섞는다.
4 파마산 치즈가루, 우스터소스, 레몬주스, 소금, 후추로 간을 하여 완성한다.

마늘쿠르통

1 팬에 올리브오일을 두르고, 다진 마늘을 볶아 향미를 증가시킨다.
2 준비한 1에 스몰다이스(Small Dice)한 빵을 넣고 은근한 불에서 노릇노릇하게 볶아 준다.

Cooking Tip

- 완성된 드레싱은 30분 정도 숙성시키면 맛이 잘 어우러진다.
- 스몰다이스(Small Dice)는 0.6cm×0.6cm×0.6cm 크기로, 네모썰기 한 정육면체 형태이다.

파인애플소스를 곁들인 하와이안닭가슴살

Pan Fried Chicken Breast Hawaiian with Pineapple Sauce

재료 및 분량

닭가슴살 130g
로즈마리 3g
브랜디 10㎖
당근 40g
애호박 30g
소금·후추 약간
올리브오일 20㎖
마늘 2g
아스파라거스 10g
밤 20g
파인애플소스 50㎖
타임 2g
버터 30g
엔다이브 20g
토마토 30g
새송이버섯 30g
설탕 5g
레몬주스 5㎖

만드는 법

1 닭가슴살은 타임, 로즈마리, 올리브오일, 마늘, 소금, 후추로 간하여 절여둔다.
2 밤은 삶아 체에 내려 버터, 소금을 넣어 매시(Mash)를 만들고, 당근은 비쉬(Vichy)로 썰어 삶아낸 후 버터, 레몬주스, 설탕으로 그라세(Glace)한다.
3 엔다이브와 아스파라거스는 데친 후 버터에 소테(Saute)하여 데친 채소를 준비한다.
4 중간 정도의 토마토는 둥글게 썰어 소금, 후추, 올리브오일을 바르고 뜨겁게 달군 팬에서 빠르게 볶아낸다.
5 애호박은 얇고 길게 썰고, 새송이버섯은 ¼등분하여 소금, 굵게 으깬 통후추, 타임 다진 것을 넣고 절여놓았다가 그릴에서 색을 낸다.
6 양념한 닭가슴살을 팬프라이하여 양면이 고루 갈색이 나게 익힌 후 브랜디로 후람베(Flambe)하여 마무리한다.
7 곱게 으깬 밤을 접시 중앙에 담고, 익힌 닭가슴살을 썰어 돌려 담는다.
8 준비한 7에 데친 채소를 보기 좋게 곁들이고, 파이애플소스를 친 후 로즈마리로 장식한다.

Cooking Tip

- 닭가슴살을 먼저 양념에 절여놓고 다른 작업을 한다.
- 닭가슴살이 너무 많이 익거나 덜 익지 않도록 주의한다.
- 채소는 각기 다른 방법으로 조리하고, 푹 삶아지지 않도록 한다.

파인애플소스

Pineapple Sauce

재료 및 분량

파인애플(캔) 60g
브라운 그래비소스 20g
사과 20g
배 20g
브랜드 10㎖
레드와인 20㎖
레몬 10g
버터 10g
소금·후추 약간

브라운 그래비소스
밀가루 30g
버터 30g
양파 1/6개
당근 40g
셀러리 30g
토마토 페이스트 30g
육수 400㎖
양파 1개
정향 1개
월계수잎 1장
부케가니(양파 1개, 정향 1개 월계수잎 1장) 1개
소금·후추 약간

만드는 법

1 파인애플, 사과, 배의 ½은 스몰다이스(Small Dice)하고, 나머지는 곱게 다진다.
2 팬에 다진 파인애플, 사과, 배는 버터를 넣고 끓이다가 분량의 브라운 그래비소스를 넣는다.
3 레드와인으로 농도를 맞추면서 끓인다.
4 준비한 2와 3을 고운 체에 걸러 스몰다이스한 파인애플, 사과, 배를 넣고 레몬즙, 브랜드로 향을 내어 소금, 후추로 간을 한 후 농도를 맞춰 완성한다.

1 양파, 당근, 셀러리는 채 썰어 버터에 갈색이 나도록 볶다가 토마토 페이스트를 넣고 충분히 볶는다. 브라운 루(Brown Roux)를 볶을 때, 처음에는 중불에서 볶다가 색이 나면 불을 약하게 조절하며 시시히 볶아야 좋은 맛과 색을 낼 수 있다.
2 소스팬에 버터를 넣고 녹으면 밀가루를 넣어 약한 불에서 짙은 갈색으로 볶아 브라운 루(Brown Roux)를 만든다.(끓이는 도중에 뜨는 기름과 거품은 걷어내야만 소스가 깨끗하다.)
3 채소 볶은 것에 브라운 루를 넣고 부케가니와 스톡(물)을 부어 멍울 없이 잘 풀어서 은근하게 푹 끓인다. 거르고 난 후 농도가 묽으면 다시 소스팬에 넣고 끓여 농도를 조절한다.
4 끓이는 도중 위에 뜨는 기름과 거품을 걷어낸다.
5 채소가 푹 무르도록 충분히 끓인 다음, 고운 체로 거르고 농도를 조절하여 소금, 후추로 간을 한다.

Cooking Tip

• 브라운 그래비소스(Brown Gravy Sauce)는 육류를 로스트(Roast) 할 때 생긴 즙액의 진한 맛을 이용하여 만든 대표적인 갈색의 걸쭉한 육류 소스이다.

라자냐
Lasagna

재료 및 분량

라자냐 6조각
미트소스 200g
베샤멜소스 80g
올리브오일 약간

만드는 법

1 끓는 소금물에 라자냐를 넣고 삶는다.(들러붙지 않도록 한다.)
2 오븐용 라자냐 그릇에 올리브오일을 두르고 라자냐 2장을 깔고 베샤멜소스, 미트소스를 순서대로 두 번 펴서 담은 다음, 200℃ 온도에서 20분간 베이킹한다.

Cooking Tip

- 라자냐는 가공품을 사용할 수도 있고, 신선한 것을 사용할 수도 있다. 각각 다른 맛의 비교를 검토한다.
- 베샤멜(Bechamel)소스는 우유에 밀가루와 버터로 만든 루(Roux)를 넣어 만든 크림소스로, 화이트소스의 가장 기본적인 소스이다.

미트소스, 베샤멜소스

Meat Sauce, Bechamel Sauce

재료 및 분량

미트소스
올리브오일 20㎖
다진 마늘 5g
당근 20g
셀러리 5g
양파 20g
표고버섯 10g
돼지고기(갈은 것) 50g
다진 소고기 100g
이태리 토마토홀(캔) 100g
치킨육수 100㎖
레드와인 50㎖
월계수잎 2장
오레가노 3g
로즈메리 2g
파마산치즈 10g
타바스코 5㎖
소금·후추 약간

베샤멜소스
버터 50g
밀가루 2큰술
우유 100㎖
생크림 60㎖
월계수잎 2장
소금 약간
흰 통후추 약간

만드는 법

미트소스

1 채소류는 1㎝ 크기의 주사위 모양으로 자른다.
2 냄비에 올리브오일을 두르고 다진 마늘과 고기를 볶다가 레드와인을 반쯤 넣고 완전히 졸인다.
3 양파와 셀러리, 당근, 표고버섯 순으로 넣어 고기와 같이 볶다가 레드와인을 마저 넣고 졸인다.
4 3에 치킨육수와 오레가노, 월계수잎, 로즈메리를 넣는다.
5 치킨육수가 반으로 졸아들면 이태리 토마토홀을 손으로 으깨서 넣고 푹 끓인다.
6 5가 반으로 줄어 되직해지면 파마산 치즈가루, 타바스코와 소금, 후추를 넣어 완성한다.

베샤멜소스

1 팬에 밀가루와 버터를 섞어 중간 불에서 볶아 화이트 루를 만든다.
2 밀가루에 색이 나타나지 않도록 버터가 녹으면 약하게 불을 조절한다.
3 밀가루에서 구워진 향이 나기 전까지 계속해서 저어준다.
4 화이트 루가 만들어지면, 우유를 조금씩 넣는다.
5 화이트 루의 덩어리를 모두 풀어주고, 향신료(흰 통후추, 월계수잎)를 넣는다.
6 약한 불에서 5를 끓이면서 소금으로 간을 한다.
7 6을 소창 또는 고운 체를 이용하여 걸러 소스를 완성한다

라사냐 베샤멜소스
- 양파는 색깔이 나지 않게 해야 한다.
- 셀러리를 함께 볶아도 풍미를 더해준다.

라비올리
Ravioli

재료 및 분량

표고버섯 100g
올리브오일 10㎖
마늘 5g
파르미자노치즈 30g
다진 이탈리언 파슬리 약간
후추 약간

라비올리 반죽
밀가루(강력분) 180g
세몰리나가루 35g
달걀 3개
소금 2g

만드는 법

1 파스타 재료를 섞어 매끈한 모양이 나오도록 반죽해 랩에 싼 뒤, 냉장고에 30분간 휴지시킨다.
2 팬에 올리브오일과 마늘을 넣고 볶다가 작게 썬 표고버섯, 다진 이탈리언 파슬리를 넣어 버섯에서 나온 물이 조려질 때까지 볶아 버섯소스를 만든다.
3 2를 한 김 식힌 후 이 중 반을 파르미자노치즈, 후추를 넣고 믹서에 갈아 버섯소스를 만든다.
4 반죽을 얇게 밀어 길게 세로로 놓고, 한쪽 면 위에 3의 버섯소스를 티스푼으로 적당량씩 떠 놓는다.
5 나머지 반을 덮은 후 물을 조금 묻혀 잘 붙게 하고, 라비올리 모양으로 자른다.
6 소금 1큰술을 넣은 끓는 물에 라비올리를 넣어 삶아 익어 떠오르면 건져낸다.
7 남겨 둔 2의 버섯소스에 6의 라비올리를 넣고 불에 올려 살짝 데운 후 파르미자노 치즈와 후추로 간을 한다.

Cooking Tip

- 소스는 잘 익은 토마토(중) 6개, 올리브유 30㎖, 로마노 또는 그라나 파다노 치즈가루 100g, 소금, 후추를 만들어 사용한다.

토마토소스, 반죽

Tomato Sauce, Dough

재료 및 분량

토마토소스

통조림토마토 300g
통조림토마토 100㎖
마늘 10g
양파 10g
홍고추 10g
올리브오일 약간
바질 5g
소금·후추 약간

반죽

밀가루 100g
버터 5g
파슬리 5g
물 40㎖

만드는 법

토마토소스

1 팬에 올리브오일을 두른 후 다진 마늘, 다진 양파, 다진 홍고추를 볶는다.
2 통조림토마토는 잘게 썰어 토마토주스와 함께 은근히 끓인다.
3 약 20분 정도 끓인 후 바질, 소금, 후추로 간을 한다.

반죽

1 밀가루는 체에 거른다.
2 파슬리는 아주 잘게 다진다.
3 준비된 재료에 버터와 물을 넣고 잘 섞어 반죽한다.
4 실온에서 약 20분간 발효시킨다.

라비올리 토마토소스

- 과거 호텔에서는 고객의 기호에 따라 미트소스나 토마토소스를 이용하기도 하였다.

라비올리 반죽

- 기호에 따라 파슬리 대신 당근, 시금치 등을 이용해도 된다.

치킨올리브
Chicken Olive

재료 및 분량

닭가슴살 100g
당근 10g
브로콜리 5g
아스파라거스 2조각
양파 10g
호박 10g
무 10g
소금·후추 약간
로즈마리 1잎
밀가루 10g
버터 10g
닭육수 50㎖
생크림 40㎖

만드는 법

1 닭가슴살은 망치를 이용하여 펴준다.
2 당근, 양파, 아스파라거스는 쥘리엔느(Julienne)로 잘라 팬프라잉한다.
3 준비된 고기는 소금, 후추로 간을 한 후, 야채로 속을 채운 뒤 요리용 끈으로 묶은 다음 밀가루를 입힌다.
4 오븐에 연한 갈색이 될 때까지 약 200℃에서 5분간 굽는다.
5 고기를 구운 팬에 약간의 양파와 밀가루를 넣고 갈색으로 요리한다. 닭육수와 생크림을 첨가하여 소스를 만든다.
6 남은 당근, 호박, 무는 샤토(Chateau) 모양으로 한 쪽씩 준비한다.
7 브로콜리는 버터를 넣은 물에 살짝 데쳐낸다.
8 샤또 모양의 당근, 무, 호박은 버터에 살짝 볶는다. 아스파라거스는 끓는 소금물에 데쳐낸다.
9 익힌 고기는 보기 좋게 잘라서 로즈마리를 가니쉬와 함께 제공한다.

Cooking Tip

• 닭고기 또는 소고기를 이용해도 된다.

재료 및 분량

감자 200g
밀가루(강력분) 100g
달걀노른자 1개
올리브오일 20㎖
소금 10g

만드는 법

1 감자는 완전히 익힌 후, 껍질을 벗긴 다음 체에 으깨면서 내린다.
2 볼에 으깬 감자와 밀가루, 달걀노른자를 넣고 반죽한다.
3 준비된 반죽은 먹기 좋게 밀어 약 2~3㎝ 정도 썰고, 끓는 소금물에 익힌다.(뇨키는 끓는 물에 넣으면 가라앉았다가 익으면 물 위로 떠오른다.)
4 익힌 뇨키는 찬물에 담가 식힌다.
5 올리브오일에 팬프라이하여 제공한다.

- 반죽을 너무 오래 치대지 않는 게 좋다.
- 포크로 뇨키 모양을 만드는 방법도 있다.

소고기스트로가노프

Beef Stroganoff

재료 및 분량

데미글라스소스 100㎖
양파 20g
통마늘 2g
레드와인 20㎖
생크림 30㎖
월계수잎 1장
타임 1g
올리브오일 10㎖
소금·후추 약간

만드는 법

1 양파와 통마늘은 곱게 다진다.
2 팬에 올리브오일 1큰술을 넣어 중간 불에서 다진 양파와 마늘을 갈색으로 볶는다.
3 2에 레드와인, 월계수잎, 타임을 넣고 ½로 서서히 졸인다.
4 3에 데미글라스소스와 향신료를 넣어 중간 불에서 끓인다.
5 소스가 끓어오르면 약한 불로 낮추고, 생크림을 넣어 1~2분간 더 끓인다.
6 소금과 후추로 간을 하여 소스를 완성한다.

Cooking Tip

- 고기는 조리 직전 칼등으로 두드려 연하게 만든다.
- 고기와 야채를 볶은 후, 밀가루를 넣어 가루가 보이지 않을 때까지 볶는다.

블루치즈그린야채샐러드

Green Salad with Blue Cheese Dressing

재료 및 분량

여러 가지 샐러드잎(손바닥 크기) 4장
상추(로켓 또는 물냉이, 작은 송이) 1장

드레싱
플레인요거트 125㎖
백포도주식초 2g
설탕 1g
레몬주스 1g
마늘 1g
블루치즈 30g

만드는 법

1. 여러가지 샐러드잎들과 상추는 흐르는 물에 깨끗이 씻어 물기를 제거하여 준비한다.
2. 드레싱은 플레인요거트, 백포도주식초, 설탕, 레몬주스, 마늘을 작은 그릇에 담아서 잘 섞는다.
3. 블루치즈를 넣어 휘젓고, 드레싱이 약간 우둘투둘 덩어리가 생기도록 만든다.
4. 그릇에 샐러드잎을 넣고 잎들이 골고루 무쳐지도록 버무린다.

Cooking Tip

• 블루치즈를 올리브오일과 곱게 으깬 후,
플레인요거트를 조금씩 넣어주며 거품기로 부드럽게 섞는다.

페투치네
Fettuccine

재료 및 분량

밀가루 100g당 달걀 1개

※참고로 전통 생파스타에는 소금이 전혀 들어가지 않는다.

소스만들기
달걀 1개
생크림 60㎖
베이컨 10g
양파 10g
새우 2마리
버터 20g
파마산치즈 15g
소금 약간
통후추 약간

만드는 법

1 밀가루를 밀판에 쏟고 가운데를 오목하게 판 후, 달걀을 깨뜨려 넣고 포크로 잘 저어 가운데서부터 손으로 조금씩 반죽한다.
2 반죽이 대충 섞이면 손으로 힘 있게 빨래를 빨듯이 약 20분간 반죽한다. 그리고 반죽이 매끄러워지면 랩으로 싸서 30분에서 1시간 정도 방치한다.
3 밀판에 밀가루를 뿌린 후 반죽을 손으로 평평하게 하고 두께가 1~2㎜ 정도가 되도록 얇게 밀대로 민다. 파스타 머신을 사용할 때는 반죽을 적당한 덩어리로 잘라 우선 가장 두꺼운 넓이로 뽑아낸 후, 점점 입구의 간격을 줄이면서 반복해서 얇고 매끄럽게 뽑아낸다. 6~7번 정도 반복해야 한다.
4 롱 파스타는 얇게 민 반죽을 돌돌 말아 칼국수 썰듯이 썬다. 파스타 머신을 갖고 있는 경우는 달려 있는 부속을 이용하여 5㎜ 간격으로 썬다.

1 팬에 통후추를 갈아 넣고 타지 않게 볶는다.
2 베이컨, 양파, 새우는 잘게 썰어 볶는다.
3 생크림을 넣는다.
4 끓으면 달걀노른자를 넣고, 파마산치즈도 첨가한다.
5 준비된 소스에 페투치네를 넣고 버터로 맛을 낸다.

Cooking Tip

- 파스타를 삶을 때 약간의 소금과 올리브오일을 사용하면 맛의 풍미를 더욱 증가시킨다.
- 면은 국수처럼 찬물에 헹궈낼 필요가 없다. 체에 밭쳐 시원한 곳에 두면 된다. 이때 올리브오일을 살짝 묻혀도 좋다.
- 보통 9분 정도를 익힌다.

치즈베이킹포테이토

Cheese Baking Potato

재료 및 분량

감자(큰 것) 1개
양파 10g
베이컨 1조각
아메리칸치즈 1조각
모차렐라치즈 1조각
소금·후추 약간

만드는 법

1 감자는 깨끗이 씻어서 찜통 또는 오븐에 굽는다.(찜통은 30분, 오븐은 220℃에서 1시간 정도)
2 양파는 초핑(Chopping)하고, 베이컨은 팬을 달구어 기름 없이 바삭하게 구워 초핑한다.
3 치즈는 체다슬라이스하여 반으로 잘라놓는다.
4 익힌 감자는 반으로 잘라 속을 파낸다.
5 속을 파낸 감자 안에 치즈 ½장을 깔고 남은 감자, 양파, 베이컨은 소금, 후추로 간을 한 후 속을 채운다.
6 남은 치즈는 5번 위에 놓고 오븐에서 베이킹한다.

• 볶은 베이컨을 곱게 다져서 치즈 위에 뿌려준다.

감자류듀세스
Potatoes Duchesse

재료 및 분량

감자 1개
버터 20g
달걀노른자 ½개
소금·후추 약간
넛맥 약간

만드는 법

1 감자의 껍질을 벗기고 눈을 뗀 다음 5~6등분하여 자른다.
2 삶기 전까지 찬물에 담가둔다.
3 물에 소금을 넣고 아주 부드러워질 때까지 삶는다.
4 물에서 건져 버터, 달걀노른자, 소금, 후추, 넛맥 등을 넣고 잘 으깬다.
5 별 모양이나 세모, 팔각형 모양의 튜브(Tube)를 낀 파이핑백에 넣어 팬에 모양 있게 짠다.
6 달걀과 버터를 발라 235℃에 넣어 색깔을 내어 담아 낸다.

Cooking Tip

- 삶은 감자가 뜨거울 때 으깨야 뭉치지 않고 잘 으깨지고, 버터와 달걀노른자와 반죽할 때도 고루 섞이는 효과가 있다.

햇볕에 말린 토마토

Sun-dried Tomato

재료 및 분량

토마토 2~3개
방울토마토 20개
올리브오일 5~6큰술

드라이 허브
타임·오레가노·로즈마리 각 ½작은술
소금·후추 약간

만드는 법

1. 토마토와 방울토마토는 0.5㎝ 두께로 슬라이스한 후 수분을 가볍게 제거한다.
2. 오븐의 팬에 유산지를 깔고, 그 위에 슬라이스한 토마토를 겹치지 않도록 넓게 펼쳐 얹는다.
3. 분량의 토마토 위에 올리브오일을 넉넉히 바른 후, 드라이 허브가루를 뿌린 다음 소금, 후추로 간을 한 후 150~160℃ 예열오븐에서 30~40분간 구워낸다.

Cooking Tip

- 썬드라이드 토마토는 토마토를 말려 각종 허브류, 마늘 등과 버무려 올리브오일에 담가놓는 것을 말한다. 생토마토에 비해 저장이 길고 각종 향신료를 첨가하기 때문에 다양한 요리에 쓰인다.
- 피자의 토핑이나 파스타, 샐러드 등에 다양하게 활용되며, 토마토의 향과 맛의 풍미를 더할 수 있다.

해산물스파게티

Seafood Spaghetti

재료 및 분량

새우 40g
홍합 50g
오징어 50g
관자 20g
대합 50g
조개육수 100㎖
화이트와인 30㎖
마늘 1개
후레쉬 바질 1조각
파마산치즈 약간
올리브오일 약간
소금·후추 약간
토마토소스 100㎖
스파게티 80g

만드는 법

1 홍합은 깨끗이 씻어 이물질과 수염 등을 제거한다.
2 오징어는 내장과 껍질을 제거하고 0.5㎝ 두께로 통썰기한다.
3 새우는 내장을 제거하고 반으로 저며 놓는다.
4 관자는 3등분하여 놓는다.
5 마늘은 얇게 썰어놓는다.
6 신선한 바질은 채로 썰어놓는다.
7 팬에 올리브오일을 넣고 5의 마늘, 6의 바질, 1의 홍합, 2의 오징어, 3의 새우, 4의 관자살 순으로 넣어 볶아준다.
8 7의 볶은 해물에 화이트와인을 넣어 향을 낸 후, 알맞은 양의 해산물 육수, 삶은 스파게티, 토마토소스 순으로 넣고 섞어준 다음 소금, 후추로 간을 한다.
8 준비된 깊이 있는 접시에 8의 완성품을 놓고 신선한 바질과 파마산치즈로 가니쉬한다.

Cooking Tip

• 조개육수 만드는 법
1. 대합 또는 홍합을 소금물에 담가 해감시킨다.
2. 양파, 대파를 가늘게 썰어놓는다.
3. 냄비에 대합 또는 홍합을 넣고 화이트와인으로 잠시 볶다가, 알맞은 양의 물을 넣고 월계수잎, 통후추를 넣고 끓여 육수를 완성한다.
4. 완성된 육수를 고운 채에 거르고, 홍합이나 대합살을 깨끗이 다듬어 사용한다.

토마토소스, 반죽

Tomato Sauce, Dough

재료 및 분량

토마토소스

통조림토마토 300g
마늘 1조각
양파 10g
홍고추 10g
올리브오일 약간
바질 5g
소금·후추 약간
토마토주스 100㎖

반죽(피자 2판 정도)

밀가루 200g
소금 2g
설탕 10g
물 100㎖
버터 6g
이스트 3g

만드는 법

1 팬에 올리브오일을 두른 후 다진 마늘, 다진 양파, 다진 홍고추를 볶는다.
2 통조림토마토는 잘게 썰어서 토마토주스와 함께 은근히 끓인다.
3 약 20분 정도 끓인 후 바질, 소금, 후추로 간을 한다.

반죽하기

1 약간 따뜻한 물에 이스트, 설탕, 소금을 완전히 녹여 밀가루와 버터를 넣고 반죽한다.
2 실온에서 약 1시간 정도를 발효시킨다.(마르지 않게 가제를 덮어둔다.)

반죽 만들기

1 피자 반죽을 밀대로 밀어준다.
2 일정한 두께로 펴가면서 적당한 크기로 만든다.

Cooking Tip

• 파마산치즈 : 파스타, 피자, 샐러드와 여러 메인요리에 즐겨 쓰이는 대표적인 치즈이다. 가루 치즈와 덩어리로 된 것이 있으며, 국내에서는 가루 치즈를 많이 사용하고, 이탈리아에서는 덩어리 치즈를 조금씩 잘라서 사용한다.

APPENDIX 부 록

A

Accommoee 조리하다, 조미하다(프) = Cooking, Seasoning

Aceto Dolce 이탈리아산 피클(이)

Achards 초와 겨자로 버무린 야채(프)

Acid 신맛이 있는 맛(영) = Acide(프)

Acorn 도토리(영)

Ácreté 매운맛, 짠맛(프)

Add 더하다(영) = Additionner(프)

Adijuvants 보조재료(프)

Adoucir 부드러운 맛(프)

Affadir 냄새를 없애다(프)

Agar 한천(프)

Aging 와인, 육수를 고기를 첨가한 음식의 맛을 개선시키기 위해 익히는 방법

Agaric 느타리버섯(프·영)

Aging 고기의 숙성과정을 뜻하는 것으로, 급속 냉동시켰다가 실온에서 녹이면 고기의 결체조직의 작용으로 육질이 연해짐

Agneau 어린 양(프) = Lamb(영)

Aiglefin 대구의 일종(프) = Haddock(영)

Aigre 신, 시큼한(프) = Sour(영)

Ail 마늘(프) = Garlic(영)

Á la ~풍의, ~식에 의한, ~식을 곁들이다(프)

A La Broche 꼬챙이에 고기를 꿰어 만든 요리(프)

A La Carte 일품요리(프)

A La King 피망, 양송이, 크림소스를 첨가하여 조리한 요리(프)

A La Mode 어떤 모양의 형태

Al Dente 파스타를 삶을 때 약간 덜 익히게 삶는 것(이)

Aloyau 소 등심(프) = Sirloin of beef (영)

Amer, Ere 쓴, 쓴맛의(프) = Bitter(영)

Amidon 녹말(프) = Starch(영)

Ancienne, A L' 옛 방식의(프) = Old Fashioned(영)

Antipasto 엔초비, 올리브, 정어리, 피클 등 재료를 혼합하여 만든 이탈리아의 전채요리(이)

Apple Charalotte 프렌치 빵조각과 사과를 조리한 디저트

Aperitif 식욕촉진주(프)

Appertiser 가열 살균하다(프)

Appret 조리준비, 빵반죽의 2차발효, 마무리(프)

Apparcil 미리 배합해 놓은 것(프), 도구 혼합물

Arete 물고기의 뼈(프) = Fish Bone(영)

Aromate 특별한 향을 내는 향료(프) = Aromatic(영)

Arrowroot 칡뿌리로부터 얻은 전분(영)

Arroser 로스트 할 때 기름칠하기(프)

Aspic 가나페, 오드볼, 디저트 등에 사용하는 젤리(프)

Aspiguer 레몬즙, 식초를 첨가하다(프)

Assaisonnement 조미, 조미료(프)

Assation 삶기(프)

Assaisonner 음식에 양념하기(프)

Attereau 꼬치에 꿴 고기를 튀긴 것(프)

Aubergine 가지(프) = Eggplant(영)

Augratin 화이트소스 위에 빵가루나 치즈를 뿌리고 갈색으로 굽는 것(프)

Au Jus 고기를 구울 때 흘러나오는 고유의 즙을 곁들임(프)

Au Latt 우유를 첨가(프)

Au Naturel 자연식 그대로 서빙하는 것(프)

B

Baba 럼주와 휘핑크림을 첨가해 발효시킨 케이크(프)

Barbecue 양념된 소스를 바르고 고기를 굽는 것

Basked Alaska 아이스크림 위에 얹은 스펀지케이크에 머랭을 입혀 매우 뜨거운 오븐에서 갈색화시킨 디저트

Bain Marie 음식을 일정한 온도로 유지하기 위해 사용하는 물의 중탕(프)

Baliki 훈제 철갑상어(러)

Ballottine 완자(프)

Banneton 발효용 빵바구니(프)

Barde 육류나 가금류, 생선을 오븐에 넣어 굽는 동안 표면이 말라 타는 것을 방지하기 위해 베이컨이나 돼지비계로 껍질을 감싸 말아두는 것

Baste 조리하는 동안 마르지 않게 하며, 맛과 풍미를 증진시키기 위한 기름이나 고기즙을 뿌리는 것(영)

Batter 튀김용 반죽(영)

Battre 스푼이나 교반기를 사용하여 뒤섞어 치대는 것(프)

Beef Stroganoff 길게 썬 소고기와 다진 양파, 양송이를 볶은 후 진한 신맛이 나는 크림을 넣는 것

Bistecca Beef Steak(이)

Blanchir 살짝 데치는 것(프) = Blanch(영)

Blaze 브랜디를 뿌려 굽다(영) = Flamber(프)

Blend 두 가지 이상의 재료를 혼합하여 매끄러운 농도가 되도록 섞는 것(영)

Bloater 훈제한 청어(영)

Boar 수퇘지(영) = Verrat(프), Wild Boar(멧돼지)

Boeuf 소고기(프) = Beef(영)

Boucanage 훈제(프) = Smoking(영)

Bouilli, e 삶은 소고기(프) = Boiled Beef(영)

Bouillie 빵죽(프) = Pap(영)

Boulè 당도가 높은 시럽

Bouquet Garni 야채와 향신료를 묶은 작은 다발(프)

Brebis 암양(프) = Ewe(영)

Brioche 발효반죽(프)

Brochette 꼬치구이(프)

Broil 직접 불에 굽는 것(영) = Giller(프)

Broth 고깃국수프(영) = Bouillon(프)

Bruiss 우유와 빵을 끓인 요리

Brush 녹인 기름이나 액체를 음식 표면에 바르는 것

Brunoise 정육면주사위 모양으로 자른 야채

Café 커피(프)

Calvados 사과로 만든 증류수(프)

Canapé 빵이나 크래커에 고기나 생선 등을 올려 만든 오드볼(영)

Canard 오리(프) = Duck(영)

Candied 설탕을 졸여 굳힌 것(영)

Carpe 잉어(프) = Carp(영)

Cassonade 가루실팅(프)

Cassé 농도가 매우 짙은 시럽(프)

Cassoulet 스튜의 일종, 흰 강낭콩(프) = Rogoût = Stew(영)

Caviar 철갑상어 알(프) = Caviare(영)

Cèpe 표고버섯(프)

Cereal 음식에 적합한 곡식, 오트밀, 굵게 간 옥수수, 콘프레이크 혹은 왕겨가루로 만든 식량

Champignon 양송이(프)

Chapelurer 말린 빵가루(프)

Chaud-Froid 찬 생선과 고기에 젤라틴소스로 입히는 것(프)

Chateau Briand 소고기 안심스테이크(프)

Chef 주방의 총주방장(프) = Chief(영)

Chef de Cuisine 총주방장(프) = Executive Chef(영)

Chef de Partie 한 부서의 조리장(프)

Chicory 샐러드용 야채(영)

Chiffonade 잎 야채류를 아주 가늘게 써는 것(프)

Chipolata 양파가 첨가된 소시지(이)

Ciseler 요리시간을 줄이기 위해 생선이나 육류 등에 칼집을 내는 것(프)

Citron 레몬(프) = Lemon(영)

Clarifier 액체를 정제하는 것, 버터 같은 것(프)

Clot 굳게 하다(영)

Clot(de) Vougeot 보르도의 고급 술(프)

Cocktail 칵테일, 식욕촉진을 위한 전채요리

Coddle 약한 불에 삶다(영) = Mijoter(프)

Cognac 프랑스 브랜디

Cointreau 오렌지향이 나는 리큐르 술(Cordial)의 상표명

Colander 여과기(영) = Passoire(영)

Collation 가벼운 식사, 경식, 간식

Collops 튀김요리의 일종 = 커틀릿(Cutlets)

Compundbutter 허브, 샬롯 그리고 와인으로 양념한 버터

Concasser 칼로 거칠게 다지는 것, 분쇄기에 으깨는 것

Concentré, e 농축시키는 것(프) = Condensed(영)

Concombre 오이(프) = Cucumber(영)

Condiments 워스터셔어(Worcestershire), 겨자

Congeler 응고시킨다, 얼리다(프) = Freeze, Congeal(영)

Consistance 밀도, 농도(프) = Consistency(영)

Consommé 육즙, 맑은 장국(프)

Coquetier 반숙란을 삶는 그릇(프) = Egg-cup(영)

Coquillage 조개류, 갑각류(프)

Coquille 껍질, 조개껍질(프)

Contiser Ham, Tongue, Truffle 등이 첨가된 요리(프)

Corned 소금에 절인(영)

Cornish 소고기 다진 것, 감자, 양파로 만든 파이(프)

Corser 빨리 끓여 조림으로써 걸쭉하게 만드는 것(프)

Cote-Rotie 리옹지방의 포도주(프)

Cottage Cottage Cheese 양젖으로 만든 치즈의 일종

Coulis 밀가루를 첨가하지 않고 만든 생선이나 고기의 퓌레용액(프)

Cousinette 푸른 야채수프, 프랑스 서남부의 Béarn 지방 요리(프)

Crapaudine 뼈를 발라내고 구운 영계(프)

Cream 크림(영)

Crépe 밀가루반죽으로 구운 디저트의 일종(프)

Crescent 초승달 모양의 파이(영)

Crever 터트리다, 구멍을 뚫다, 살짝 데쳐 우유를 넣다(프)

Crevette 작은 새우(프)

Croissant 초승달 형태의 불란서 롤빵(프)

Croquant 바삭바삭한(프)

Croque-Monsieur (치즈와 햄을 넣은) 샌드위치(프)

Croustade 페이스트리, 혹은 퍼프 페이스트리, 버터로 만든 요리

Crustacés 갑각류(게, 바다가재, 새우) (프)

Cuillerée 한 숟가락의 분량(프)

Cuire 삶다, 굽다, 열처리하다(프)

Cuisine 조리방식(Style of Cooking)

Cuisson 열처리, 굽기, 졸이기 : 국물, 즙(프)

Cullis 거른 것, 거른, 국물(영)

Curacao 쓴 오렌지껍질을 이용하여 만든 리큐르의 술로 크림이나 아이싱, 젤리의 향 첨가제로 사용(프)

Cure 가공하다, 소금에 절이다(영)

Custard 달걀과 우유를 혼합하여 만든 달콤한 푸딩 같은 것

Cuver 발효시키다(프)

Daub 바르다, 칠하다, 입히다(영)

Décanter 침전물을 제거하기 위하여 다른 병에 액체를 옮겨 담은 것(프)

Décortiquer 갑각류의 껍질을 제거하다(프)

Deep-fat-frying 튀김

Defourner 오븐에서 꺼내다(프)

Déglacer 육류, 가금류, 생선 등을 로스트하거나 브레이즈할 때 생겨난 육즙을 용해시키거나 묽게 하는 것

Deglaze 스톡이나 와인 또는 크림을 사용하여 팬즙을 희석시키는 것

Dégraisser 끓는 스톡에서 위에 뜬 지방을 제거하거나 고깃덩어리에서 비계를 잘라내는 것

Déguster 맛을 보다, 음미하다(프)

Déjeuuer 점심(Mid-day Meal) (프)

Délayer 용해시키다. 물을 타다, 묽게 하다, 희석하다(프)

Demi 절반(Half) (프)

Demi-glace 농축 갈색 소스(프)

Densite 비중, 밀도, 농도(프)

Désosser 뼈에 붙은 살을 떼어낸다

Dessécher 건조시키는 것

Détrempe 밀가루와 물을 혼합한 것, 밀가루반죽(프)

Devilled ~등을 바르다(영)

Diablé, e (프) = devilled(영)

Dice 6~10㎜ 정육면체 크기로 써는 것

Diet 음식과 음료를 일상적으로 줄이는 것(프)

Dinde 칠면조 암컷(프)

Dindon 칠면조 수컷(프)

Dinodnneau 어린 칠면조(프)

Dino 알요리에 사용되는 이름(프)

Doux 맛있는, 상쾌한, 부드러운(프)

Drawn Butter 녹은 버터

Dredge 밀가루에 굴리거나 밀가루를 뿌려서 식품에 옷을 입히는 것

Dresse 끼얹어 입히는 것, 요리를 접시에 담아내는 것

Dripping 지방, 기름기(구울 때 고기에서 나온 기름) (영)

Drupe (식물) 핵과, 육과(프)

Duchesse 여러 가지 요리에 쓰이는 용어, 특히 감자요리 방법에 쓰임

Dumpling 밀가루 경단(프)

Duxelles 양송이 해쉬(a mushroomhash), 양파 등을 볶은 후 섞은 것

E

Eau 물(프)

Écorcer 껍질을 벗기다(프)

Écumer 거품을 걷어내다, 깨끗이 하다(프)

Edible Portion(E.P) 겉껍질과 기름기 등을 제거하여 실제로 사용 가능한 부위(가식부분)

Égoutter 물기를 빼는 것

Émincer 작은 슬라이스 조각으로 써는 것

Émincé 조각(프)

Entrée 세 번째 코스(프랑스식 정식에서)

Entrémetier 야채요리를 담당하는 조리사(프)

Entremet 디저트(프)

Epinards 시금치(프)

Épurer 정제하다(프)

Escabescia 절인생선 튀김(서)

Escalope 얇게 저며 썬 육류나 생선조각

Escargots 달팽이(프)

Escoffier 현대적 전통요리의 거장으로 숭상받은 유명한 프랑스 조리장의 이름

Espagnole 기본 브라운소스

Essence 식품 기질에서의 추출물(액)

Essuyer 닦다, 씻다(프)

Estragon (식물) 타라곤, 쑥의 일종(프)

Étamine 체, 여과기, 천을 이용해 거르는 것(프)

Évaporer 증발시키다(프)

Farce 속을 채우다 스터핑(Stuffing) (프)

Farcir 고기, 그리고 야채를 속 채우기

Fariner 밀가루를 입히거나 뿌리는 것

Fecola 전분(이)

Fecula 전분(영)

Fendre 전분(프)

Ficeler 끈을 사용하여 묶거나 붙이거나 조리하는 것(프)

Figer 응고시키다, 엉기게 하다, 고정시키다(프)

Fileter 살을 저미는 것

Filet Mignon 가장 질감이 좋고 살이 연한 소고기안심의 부위

Filling 채움, 충전(영)

Filtrer 거르다, 여과하다(프)

Fines Herbes 소스와 스테이크, 오믈렛, 샐러드에 향신료로 곱게 다진 허브류(파슬리, 처빌, 차이브, 타라곤) 혼합물(프)

Flambée 음식을 그을리는 것

Flanquer 가니쉬(Garnish)하는 것

Flavour 맛, 풍미, 향미, 조미료, 양념 : 향기, 방향(영)

Florentine, A la 프로방스지방의 조리법을 따른 : 보통 시금치수프나 시금치 가니쉬(프)

Foam 거품(영)

Foie 간(liver) (프)

Foie Cras 살찐 거위 간(프)

Foncer 팬이나 틀 형에 야채나 밀가루반죽을 얇게 까는 것

Fond 수프나 소스용 스톡

Fouetter 철사젓개(wire whip)로 휘저어 쳐대는 것

Fourrer 채워넣다(프)

Fowl 야생 새, 닭(영)

Fraise 딸기(프)

Framboise 나무딸기 = (raspberries) (영)

Frapper 소금과 얼음 혼합물에 음식이나 음료를 담그는 것

Freeze 얼리다, 빙결시키다(영)

Fried 기름에 열처리한, 볶은 혹은 튀긴(영)

Fritter 고기, 야채 또는 과일을 버터에 적서 튀긴 것

Frire 튀기는 것

Frivolités 소형 타아트(tarts), 보트(boats), 크림으로 구성된 오드볼

Froid 찬(프)

Fromage 치즈(프)

Frotter 문질러 바르다

Fruits de mer 해산물, 갑각류, 연체동물의 모든 종류

Fumer 연기가 나는 것

Fumet 스톡이나 와인에 음식을 익힘으로 생겨 나온 맛이 진한 용액

Fumet Blane de Poisson 흰색 생선스톡(프)

Gacher 반죽하다(프)

Caine 칼집, 포장, 막(프)

Galantine 코팅하여(Glazed) 전시하거나 차게 서브한다(프)

Game 사슴, 곰, 산토끼, 다람쥐, 버팔로 소와 같은 식용 야생동물(프)

Gamefowl 꿩, 자고새 비둘기, 오리, 거위, 뇌조, 메추라기, 비둘기새끼를 포함하는 식용 야생조류

Garde Manger 팬트리(pantry), 식료품실(lander), 냉육실, 이 부서를 책임맡은 부서장(프)

Garnir 곁들이는 것, 관심을 끌도록 요리를 장식하는 것

Garnish 요리를 보기 좋게 꾸미거나 맛을 증진시키기 위해 곁들이는 것

Genoise 이탈리아 스펀지케이크

Ghee 인도요리에 사용되는 정제버터의 일종

Glace de Viande 젤리농도로 농축시킨 스톡으로, 조리한(Cooked) 육류를 글래이징(glazing)하는 데에 쓰이는 것

Glacer 당 시럽으로 케이크를 입히는 것, 얼리다, 냉동시키다(프)

Glazing 노릇노릇하게 구운 색깔을 내는 것

Gnocchi 감자나 세몰리나(semolina) 또는 퍼프페이스트로 만드는 작은 이탈리아식 덤플링(dumpling)

Gonfler 부풀리다, 팽창시키다(프)

Gorgonzola 이탈리아산의 반엽질(Somisoft) 푸른곰팡이 치즈

Gouda 네덜란드산 치즈

Goulasch 토마토, 백포도주, 파프리카, 감자를 첨가한 헝가리의 소고기조림

Gouter 맛을 보는 것

Graisser 기름을 치다, 기름질하다(프)

Grand Marnier 리큐르 술로서 서브되는 오렌지향이 나는 품질 좋은 코냑(프)

Granité 얼음(프)

Gratiner 음식의 윗면을 구워 껍질이 생기게 요리하는 것

Grenadin 베이컨으로 열십자로 감싸고 글레이즈(Glazer)한 두꺼운 송아지 커틀릿

Grenadine 석류즙과 설탕으로 만든 시럽

Griddle 석쇠구이(영)

Griller 석쇠에 굽거나 브로일(broil)하는 것

Grosseur 굵기, 크기(프)

Grosspiece 메뉴에 있어서 주요리코스(Main course) (프)

Gruyère 황색의 숙성경질치즈

Gugelhupf 아몬드와 건포도를 첨가하여 홈이 있는(fluted) 팬에 구워 만든 독일 케이크

Habillage 조리법, 만듦(프)

Habiller 입히다, 옷을 입히다, 조리하다(프)

Haché, e 잘게 썬, 다진(프)

Halicoter 다지다, 잘게 썰다(프)

Haricot 콩(Beans) (프)

Haricots verts 채두(Green String Beans) (프)

Hash 잘게 썰다, 다지다(영)

Hassenpfeffes 토끼고기 스튜(독)

Hâtelet 그릴용 나무나 금속꼬챙이

Havir (고기 따위를) 겉만 눋게 하다(프)

Herb bouquet = Bouquet Garni 야채묶음

Homard 바다가재(프)

Hors d'oeuvre 식사 전에 먹는 간단한 요리, 전채, 전식(프)

Huile 식용유(프)

Huitres 굴조개(프)

Ice glazing 생선, 고기 등을 얇은 방패막을 형성시켜 음식을 동결시키는 것

Ice meringue 뜨거운 설탕시럽에 깨뜨린 달걀흰자를 넣어 저어서 만든 요리

Infusion 달이기, 우려내기, 스며듦, 주입(프)

Jambalaya 햄, 조개, 닭고기, 소시지, 콩, 향신료 그리고 야채를 곁들인 밥

Janbon 햄(프)

Julienne 야채나 고기를 길고 가느다란 조각으로 채 써는 것(프)

Jus 즙(juice), 브로일러에 굽거나 오븐에 넣을 때 생겨나는 천연 육즙(프)

Juter 즙을 내다, 즙을 뿌리다(프)

Kabob 마리네이드한 고기에 야채, 과일조각을 꼬챙이에 끼워 조리하는 것

Kiev 조미한 버터로 가득 채워 넣은 것

Kirsch 버찌술(프)

Konvectomat 대류형 오븐

Kummel 캐러웨어씨(caraway seed)의 향이 나는 리큐르(liqueur) 술(독)

Lait 우유(프)

Langoiuste 집게발이 없는 바닷가재(spiny lobster) (프)

Lapin 토끼(프)

Lard 녹여서 정제하여 다시 굳힌 돈지(the fat of hogs)로서 튀김류 또는 쇼트닝으로 이용

Lasagna 구불구불한 국수 모양의 파스타(이)

Laurier 월계수(프)

Lentils 수프에 첨가되는 콩류 식물의 작고 납작한 것

Liaison 달걀과 같은 농후제(binding agent)로서 소스나 수프를 되직하게 할 때 사용

Lier 수프나 소스를 진하게 만들어 주는 농밀제

Limburger 강한 맛과 향을 지니는 연질치즈의 일종

Lobster 대하, 바닷가재(영)

Loaf sugar 케이크 등에 가니쉬로 사용되는 직사각형 설탕

Lyonnaise 요리에 양파의 맛이 강하게 나게 하는 것

Madeleine 여러 종류의 과일이나 야채의 혼합물(combination)

Maitre d'hotel 식당을 책임지는 지배인

Maitre d'hoter, A la 조리의 한 방식, 소스 : 녹인 버터에 레몬주스와 다진 파슬리, 소금, 후추 섞은 것

Malaxer 반죽하여 부드럽게 하다. 이기다, 주무르다(프)

Manié 가공한, 사용한, 부드럽게 갠

Marinade 레몬즙이나 식초, 포도주, 식용유, 향신료 등의 혼합용액으로서 식품의 풍미를 증진시키기 위해 사용. 또한 일부 육류의 육질을 연화시키기 위해서는 사용

Marinate 마리네이드용액에 식품을 담그거나 적시는 것

Marmite 고기, 수프용 스톡포트

Marron 밤(프) = Chestnut(영)

Marshmallow 콘, 시럽, 설탕, 달걀, 젤라틴이 가볍게 한 스펀지 크림과자

Marzipan 아몬드가루, 설탕, 달걀흰자로 만든 아몬드 페이스트

Mask 소스나 아스픽을 사용하여 완전히 덮어 입히는 것

Masquer 음식에 소스를 끼얹어주는 것

Matignon 곱게 다진(Minced) 생야채 또는 익힌 야채로서 육류를 가니쉬하는 데에 사용

Matzoth 발효시키지 않고 구운 빵(영)

Mealy 가루를 뿌린

Measurment 측량, 크기(영)

Meat Extract 스톡을 가열 농축하여 젤라틴 상태의 농도가 되도록 조린 용액

Mdeallions 작고 둥근(안심고기) 조각이나 거위 간의 둥근 조각

Melanger 섞다, 혼합하다

Melba Sauce 곱게 갈아 체에 내린 후 설탕, 옥수수전분을 혼합한 것으로서 보통 아이스크림 위에 끼얹어내는 것

Melba Toast 아주 얇게 썰은 식빵 슬라이스 조각을 오븐에 넣어 구워 바삭하게 한 것

Méler 다른 음식과 섞는다

Mignonettes 작거나 가늘게 썬다

Mijoter 뭉근히 끓이는 것, 심머(Simmer)

Milanaise, A la 스파게티의 조리방식(프)

Mince 다지다, 잘게 썰다

Minestrone 밀라노식의 수프(이) 마늘, 양배추, 베이컨, 토마토를 첨가한 수프

Minion fillet 소고기등심(영)

Minute 분, 일분(프) : 잠시동안

Mirepoix 고기는 임의적으로 첨가되며 주사위꼴로 썬 야채와 허브류, 향신료(spices)의 혼합물로 육류와 생선요리의 풍미증진에 사용

Mitonné, e 약한 불에서 오랫동안 끓인(프)

Mix 두 가지 이상의 재료를 혼합하여 서로 잘 섞이도록 휘저어 주는 것

Mocha 주로 혼합커피(blended coffee) 제조에 식용되는 맛이 강한 커피

Moitié 반, 절반(프)

Mold 틀, 형, 주형(영)

Monte-plats 요리기(프)

Mortifier (고기를) 연하게 하다(프)

Moudre 찧다, 빻다, 가루로 만들다(프)

Mouiller 물에 담구다, 적시다

Mousse 크림과 달걀 또는 젤라틴, 초콜릿이나 과일, 커피와 같은 향미제를 사용하여 만드는 부드럽고 맛있는 디저트. 이 용어는 냉요리(cold dish)나 젤라틴 같은 고기 가금육 또는 어육, 향신료를 이용하여 만든 샐러드와 같은 Savory Dishes를 뜻하기도 함

Mousseron 느타리버섯(프)

Mouton 양(프)

Mozzarolla 피자나 그 외 요리에 사용되는 이탈리아산의 맛이 온화한 반연질치즈

Muffin 다양한 밀가루를 빨리 녹여서 만든 빵, 과일너트 등을 첨가

Mull 향료를 넣고 데우다(영)

Mush 부드러운 죽(영)

Muslin 크림을 주재료로 하여 만든 빵, 과자(영)

Mutton 양, 양고기(영)

Nageoire 생선지느러미(프)

Napper 음식에 소스나 젤리로 덮어주는 것

Navarin 양고기 스튜(프)

Navet 순무(프)

Neufchàtel 맛이 온화한 유백색의 프랑스산 연질치즈

Newburg 달걀물과 쉐리가 있는 진한 크림소스로 바다가재, 새우 또는 다양한 해산물을 얹혀 서빙

Nouille 국수(Noodle) (프)

Nutrients 단백질, 탄수화물, 지질, 비타민, 무기질, 수분과 같은 영양소(프)

Outmeal 빵이나 핫 시리얼에 사용되는 거친 귀리

Oeuf 달걀(프)

Offal 잡육(variety meats) : 골, 간, 혀

Orangeat 오렌지껍질의 설탕절임(프)

Osso Buco 토마토와 양파, 포도주, 마늘을 곁들인 송아지정강이(Veal Shanks)로서 스파게티나 쌀밥을 곁들여낸는 것

Ovale 달걀 모양의 난형의, 타원형의(프)

Over-Run 냉동 중에 혼합물이 공기의 작용으로 부피가 증가되는 현상으로 냉동 디저트(a frozen dessert)에 잘 일어남

Oyster (조개)굴(영)

Paella 샤프란을 첨가하여 지은 쌀밥에 토마토와 완두콩, 포도주, 닭고기, 갑각류, 기타 재료를 첨가하여 조리하는 유명한 스페인요리

Pain 빵(프)

Palourde 대합(프)

Pamplemousse 그레이프 후르츠(grapefruit) (프)

Pandoway 사과, 레몬, Baking-powder, 설탕으로 만든 것(영)

Pane, e 빵가루를 입힌(프)

Paner 고기, 생선, 감자요리에 빵가루를 입히는 것

Pan-Fry 뚜껑을 덮지 않은 상태에서 소량의 기름으로 팬(Skillet)에 넣어 익히는 것

Panure 빵가루(불)

Papillote 기름을 먹인 종이(프)

Parer 꾸미다, 장식하다(프)

Parfumer 향기롭게 하다, 향료를 넣다(프)

Passer 여과하다, 지나가다, 옮겨가다(프)

Pasta 초경밀가루반죽을 여러 다양한 크기와 모양의 다이스(dice)에 압축시켜 뽑은 제품으로서 파스타에는 마카로니, 스파게티, 버미젤리, 라비올리, 카넬로니 등등 여러 명칭의 종류가 있음(이)

Pastry 빵과자, 과자(영)

Pasty 익혀 갈은 고기와 향신료, 감자를 패스트리반죽으로 싸서 구운 것

Páte 반죽, 밀가루반죽(프)

Pátisserie 프랑스 제과(pastry) 또는 제과점(프)

Paupiette 속을 채워 넣고 둥글게 말아서 브레이즈 조리하여 얇게 썰은 고기, 슬라이스 조각

Paysanne, A La 버터에 졸인 야채를 곁들여 서브하는 수프나 육류요리

Pec 소금에 절인(프)

Pemmican 말린 소고기에 지방, 과일을 섞어 굳힌 휴대음식 : 페미컨

Pesto 식용유와 안초비, 허브류, 마늘로 만든 그린소스

Petit Dejeuner 조반(프) = Breakfast

Petits Pois 싱싱한 완두콩(프)

Piccata 일반적으로 송아지에서 잘라낸 작은 커틀릿

Pickle 절이다, 담그다(영)

Pie 패스트리 크러스트(pastry crust)를 밑바닥 위쪽, 혹은 위, 아래 모두에 채운 고기나 야채로 만든 구운 요리

Pignolias 잣(pine nuts)

Piquant 양념을 많이 해서 매운

Piquer 고기나 가금류에 베이컨 가닥을 끼워넣는 것

Plate 소의 갈비 밑의 고기(영)

Poaching 데치기, 삶기

Poéler 오븐에서 뚜껑을 덮고 뭉근히 끓이는 것

Pois 완두콩(프)

Poisson 생선(프)

Polnta 콘밀 : corn meal(이)

Pomme 사과(프)

Pomme de terre 감자(프)

Parc 돼지(프)

Portion 부분, 몫, 한 끼분의 식사

Postum 껍질류로 만든 대용커피(영)

Potage 수프(프)

Pot-au-feu 맛이 아주 진한 야채수프(프)

Potée 냄비, 버터구이 한 야채, 수프의 일종(프)

Poularde 살찌운 닭, 영계(프)

Pound 파운드(영) 무게의 단위 : 453.592g

Proline 피칸과 설탕, 크림으로 만든 과자의 일종

Pranzo 정찬(이)

Préparer 요리 준비하는 것

Printaniere 봄야채(프)

Profiterolles 크림, 치즈 섞은 것, 커스터드, 다른 향기로운 속과 크림이 부풀게 굽는 과자용 반죽으로 만든 작은 퍼프(puffs)

Prosciutto 이탈리아산 햄(주사위 꼴로 썰어 소금에 절이고, 조미하여 압착한 돈육)

Provencale a, la 프로방스식, 브라운소스와 토마토, 마늘, 양파, 향신료를 사용하는 조리방식의 요리

PS 사방인치 당 파운드(압력) (ibs per square inch)

Pulpe 야채나 과일의 과육으로 만든 수분이 많은 페이스트(paste)

Pungent 매운, 얼얼한, 자극성의(영)

Purée 음식재료를 체에 내리거나 갈아서 부드럽고 걸쭉하게 만든 것

Quatre-Quarts 밀가루, 버터, 설탕, 달걀을 똑같은 분량으로 섞어 만든 케이크(프)

Quartiers 야채, 과일, 고기의 ¼분량

Quenelle 육류, 생선, 가금류, 혹은 엽조류로 만든 덤블링

Raclette 스위스산 치즈 거어킨(gherkin)을 곁들여 내는 긁어내어(scraped) 녹인 치즈

Ragout 육류와 생선 또는 가금육과 야채로 만드는 맛좋은 스튜요리(프)

Rasher 베이컨 또는 햄을 얇게 썬 조각(영)

Ready Food 미리 요리된 음식이나 요리

Réchauffer 따뜻하게 데우다

Redherring 청어 등 속을 꺼낸 생선에 약 3주간 소금으로 훈제

Réduire 액체를 끓여 조린다.

Relevé 주요 요리(main dish)

Relever 향신료를 첨가하여 맛을 증가시키는 것

Relish 맛, 풍미, 향기(영)

Revenir 버터나 지방으로 음식재료를 연갈색 내는 것

Rib 늑골, 갈비뼈, 갈비고기(영)

Riceflour 쌀을 빻은 가루

Risotto 버섯을 곁들인 쌀밥요리(이) (Rice Dish)

Rissoler 갈색을 내는 것(프)

Rollmops 백포도주에 담근 청어(영)

Rosehips 젤리, 소스, 음료 제조에 사용되는 도이장미(doy rose)의 붉은 열매

Rosewater 장미꽃 잎에서 증류하여 낸 용액

Rotie 토스트(프)

Roux 버터나 지방에 밀가루를 섞어 흰색이나 갈색으로 볶아 섞은 혼합물로 수프와 소스를 되직하게 하는 농밀제로 사용

Royale 달걀과 우유를 포치한 커스터드(custard)

Sabayon 휘저어 푼 달걀과 설탕, 백포도주, 향미제(flavoring)로 만든 소스나 디저트(프)

Saccharin 당도가 설탕에 비해 300배나 더 달며 식품가치가 없으나 무열량(calorie-free) 감미료로써 사용

Saddle 안장, 등심(영)

Saignant 거의 익히지 않은 고기

Saisir 강한 불로 표면만 살짝 굽는다(프)

Salicoque 매우 작은 새우의 일종(프)

Salmander 상부에 열원이 있고, 하부에 선반이 받쳐져 있는 소형 브로일러

Saltimbocca 소고기와 햄의 스튜(이)

Sasser (밀가루 따위를) 체로 치다.(프)

Saumure 소금물(프)

Saupoudrer 뿌리다, 치다(프)

Sauteing 볶는 것, 튀기는 것

Sautoir 긴 손잡이가 부착되어 있고, 곧은 벽면과 얇은 바닥을 하고 있으며 크고 둥글고 무거운 팬으로서 소테 조리에 사용

Scallop 가리비조개(영)

Scampi 커다란 새우

Score 미국의 표준등급심사소에서 정하는 버터에 대한 품질표시 점수로서 등급을 나타내는 것

Sear 높은 온도(열)로 고기 표면을 갈색 내는 것

Sec 드라이(dry)한 (포도주나 샴페인처럼) (프)

Seethe 삶다(영)

Selle 갈비부분의 고기(프)

Shallot 양파의 일종으로 온화한 맛을 지님

Shank 정강이부분의 고기(영)

Shellfish 게, 바다가재, 새우를 뜻하는 갑각류(crustaceans)와 전복, 대합, 굴, 가리비를 뜻하는 연체류(mollusks)로 분류

Sherbet or Soret 과일즙과 설탕, 우유를 배합하여 얼린 혼합물, 젤라틴과 달걀흰자가 때때로 첨가되기도 함(프)

Shuck 굴껍질이나 옥수수껍질을 제거하는 것

Sillabub 포도주나 럼주, 거품을 낸 크림, 설탕을 섞어서 만든 음료(영)

Simmering 약한 불로 오랫동안 끓이는 것

Simple Syrup 설탕과 물을 동량 혼합하여, 설탕이 녹을 때까지 끓인 것으로서 음료(diinks)에 감미제로 사용

Skewer 브로일링하기 위해 야채와 (또는) 고기 작은 조각을 고정시키기 위해 끼우는 얇고 뾰족한 나무꼬챙이나 금속핀

Skilligalee 즉석 스튜(영)

Sorbétiere 소베르 아이스크림 제조기(프)

Soubis 여러 종류의 육류요리에 곁들여 내는 체에 내린 양파와 버터 또는 크림

Soufflé 가루, 설탕, 우유, 달걀로 만든 과자(프)

Souper 만찬(프)

Sous Chef 부주방장(assistant to the head chef) (프)

Spatchcoch 잡아서 곧 구운 닭요리(영)

Spit 로스팅하거나 바비큐하거나 불에 직접 구울 때 사용하는 뾰족한 쇠꼬챙이

Steamer 증기압력 쿠커

Stiffen 육류, 가금루나 생선을 버터나 액체로 단시간에 열을 가해 조리하는 것

Strain 거르다, 걸러내다

Steaming 김증기, 김쐬기

Stewing 찜하는 것

Stock 뼈와 고기, 어육, 엽조육 또는 야채 부스러기를 삶아 우려낸 용액

Suprème 최고의 최상의, 닭의 가슴살(프)

Swede 황색의 큰무 = Swedish turnip

Sweetbread 송아지의 후두육, 송아지의 지라 또는 흉선

Tabasco 식초와 매운 고추로 제조되는 매운맛을 지닌 양념소스의 상표

Table d'hote 각각의 음식 항목마다 가격이 각기 정해있는 알라카뜨(a la carte)와는 달리 완전한 식사 한 끼 단위로 가격이 책정되는 형식

Taffy 사탕과자의 일종으로 설탕, 버트, 너트, 향료로 만든 바삭바삭한 사탕

Tagliatelle 파스타의 일종, 소면용의 가는 국수(이)

Tahina 참깨를 으깨어 만든 반죽(paste)

Tampon 구운 빵, 지방으로 만든 base

Tarragon Vinegar 타라곤을 첨가하여 향을 낸 흰 식초

Tartar-Steak 여러 가지 양념을 하고 가니쉬하여 애피타이저(appetizer)로서 보통 서브하는 간 날고기(raw ground beef)

Tartelette 작은 파이(일인분용의 tarte) (프)

Tartlet 작은 타트

Terrapin 민물에서 사는 자라

Tidbit 맛있는 음식, 전채, 후식(영)

Timbale 곱게 갈은 고기에 양념을 하고 야채와 생달걀을 첨가하여 버무린 뒤 오븐에 물중탕으로 구워낸 것

Tongue 혀(영)

Tortue 자라(turtle) (프)

Tournedos 소고기 안심에서 잘라내는 작은 스테이크(프)

Trancher 자르다, 베다, 끊다(프)

Tremper 담그다, 적시다, 물을 섞다(프)

Tripe 소의 위

Truffle 프랑스와 이탈리아에서 발견되는 둥글고 자극성의 맛을 지니는 검은 버섯류로서 소스와 빠떼, 스터핑요리에 쓰이며 데코레이션에도 사용

Truss 조리하는 동안 모양을 잡아주고 육즙을 보존하기 위해 가금류나 엽조류의 날개와 다리를 실로 묶어주거나 꼬챙이로 끼우는 것

U

Uovo 달걀, 알(이)

Uva 포도(이)

V

Veau 송아지(프)

Vermicelli 수프에 사용되는 길고 아주 가느다란 일종의 파스타 제품

Vert 녹색의(프)

Vesiga 철갑상어의 척추골(spine marrow)

Viande 육류(meat) (프)

Vichy, A la 야채류를 버터와 소량의 설탕을 첨가한 물에 넣어 익히는 것, 보통 당근을 뜻함

Vin 포도주(프)

Vinaigrette Sauce 식용유를 포도주(wine vinegar)로 허브류를 혼합한 것

Volaille 가금류(프)

W

Welsh cawl 감자, 양배추, 당근, 고기를 넣은 양고기요리

Washington 크림소스를 곁들인 콘요리

Whip 달걀과 같은 재료들을 휘돌려 치대어서 공기를 넣어 부피가 증가되도록 거품내는 것

Whiskey 곡류(주로 밀)로 만든 증류수, 위스키(영)

Worcestershire Sauce 육류와 기타 식품에 맛을 내기 위해 사용하는 어두운 빛깔의 향긋한 소스와 상표명

Yeast 효모(영)

Yolk 노른자위, 난황(영)

Zampon 돼지족발의 살가죽에 음식을 채워놓은 요리(이)

Vezzenne 암소의 탈지유가 약간 들어간 딱딱한 치즈, 그라탕요리에 많이 사용

Zest 디저트로 사용되면 레몬 오렌지껍질을 이용해 설탕과 와인으로 맛을 내는 것

Ziti 파스타의 일종

Zucchini 참외, 호박(이)

Zuppe di pesce 생선수프의 일반적 이름을 말함

Zwieback 러스크(rusks)와 유사한 살짝 구운 딱딱하고 바삭한 비스킷

References

김기영 · 엄영호(2004). 서양조리 실무론, 성안당.

김기영 · 전효진(2014). 호텔, 외식산업 주방관리실무론, 백산출판사.

김동섭(2010). 현대서양조리실무론, 백산출판사.

김동일 · 김충호 · 하대중 · 김상태(2015). NEW 서양요리, 대왕사.

김진 · 이광일 · 우희섭 · 김윤성(2007). 조리용어사전, 광문각.

나영선(2008). 호텔서양조리실무개론, 백산출판사.

______(2016). NCS기반 양식조리기초, 백산출판사.

나정기(2002). 프랑스요리, 백산출판사.

______(2004). 메뉴관리의 이해, 백산출판사.

염진철(2007). 기초조리이론과 조리용어, 백산출판사.

______(2016). 전문조리용어해설, 백산출판사.

이은정 · 이두찬 · 이경란(2012). 메뉴관리론, 양서원.

이흥구 · 김옥주 · 최혜진 · 안세희(2011). 서양조리 실무론, 백산출판사.

전원배(2003). 호텔경영안전관리, 백산출판사.

조용범 · 이형우 · 강병남(2006). 현대 조리실무론, 지구문화사.

진양호(2009). 만들기 쉬운 서양조리, 지구문화사.

______(2013). 조리기능사·산업기사·기능장, 지구문화사.

진양호 · 배인호(2016). 메뉴관리론, 지구문화사.

채영철 · 조한용 · 이재규(2007). 호텔, 외식조리실무론, 형설출판사.

최광수(2016). NCS 서양조리, 백산출판사.

최성웅 · 김경자 · 정영복 · 박근우 · 김성수 · 양동휘(2016). 최신 서양요리실무, 백산출판사.

최수근(2006). BASIC 조리실무론, 대왕사.

______(2010). 소스의 이론과 실제, 형설출판사.

Albin, G. S.(1983). Menu Design. CBI Publishing co.

Allen, Z. R.(1989). The Restaurant Operators Manual. Van Nostard Reinhold.

Bayou, M. E., Bennett, L. B.(1992). Profitability analysis for Table Service Restaurant. The Cornel H.R.A. Quarterly. 33(2): 49-55.

Brymer., Robert, A.(1990). Introduction to Hotel & Restaurant Management Kendall. Hont Publishing Company.

Donal, E. L.(1979). The Hotel & Restaurant Business. CBI Publishing co.

Escoffier, A.(1968). Le Guid Culinaire. Flammarion Editeur.

George, S., Jackie, B.(1984). The Natural Food Cookbook. Exeter Books. inc.

John, C. B.(1988). Design and Layout of Foodservice Facilities. New York. Van Nostard Reinhod.

Kasavana, M. L.(1998). Windows Based Menu Engineering The Bottom Line. 13(3): 18-20.

Michael, S.(1980). Buffet & Receptions. Ebenezer Bayies & Son Ltd.

Rachel, G.(1982). The Only Cookbook. Mitchell Beazley Publishers Limited.

Robert, E. W.(1999). Yield Management: Filling Buckets, Papering the house. Business Horizons. 55-64.

Sonnenschmidt, Frederic. H. & Jean. F. N.(1983). The Prefessional Chef's Art of Garde Manger. 3rd. New York. CBI.

The Culinary Institute of America(2006). The Professional Chef. 8th. New York. CBI.

Wayne, G.(1989). Professional Cooking. John Wiley &Sons. Inc.

Profile

엄영호

Auckland University of Technology 수료
프랑스 Le Cordon Blue 수료
평생교육진흥원 학점은행제 / 노동부
내일배움카드 평가위원
WACS(세계조리경진대회 심사위원)
수원여자대학교 호텔조리과 교수

정주희

경기대학교대학원 외식조리관리학과 석사
경기대학교대학원 외식경영학 박사
수원여자대학교 호텔조리과 겸임교수
디앤이이노베이션 메뉴개발 기술고문

정성영

수원여자대학교 호텔조리과 겸임교수
조리기능장 실기 감독위원 위촉
조리기능장
호텔 푸르미르 조리부장

김예영

경기대학교대학원 외식조리관리학과 관광학석사
경기대학교대학원 외식조리관리학과 관광학박사
수원여자대학교 호텔조리과 외래교수
숭실대학교 호스피탈리티 외래교수
강남대학교 평생교육원 외래교수
두원공과대학교 호텔조리과 외래교수

최미선

경기대학교대학원 외식경영학박사
충남연구원 로컬푸드 미더유 심사위원
한국조리협회 상임이사
수원여자대학교 호텔조리과 외래교수
강서양천요리학원 자문위원

이은진

세종대학교대학원 조리외식경영학과 박사과정
경희대학교대학원 조리외식학과 석사
수원여자대학교 호텔조리과 겸임교수
Dessert Cafe & Cooking Studio Lee Bread 대표

최 미

경남대학교 가정교육학과 졸업
경남대학교 식품과학부 석사
경남요리제과직업전문학교장
문성대학교 호텔조리과 외래교수